49재

공덕과 의미

49재 공덕과 의미

찍은날 | 불기 2557년(서기 2013년) 10월 22일
펴낸날 | 불기 2557년(서기 2013년) 10월 30일

엮은이 | 정 의 행
펴낸이 | 조 명 숙
펴낸곳 | 도서출판 북도드리
등록번호 | 제16-2083호
등록일자 | 2000년 1월 17일

주소 | 서울 · 금천구 가산디지털1로 205,
705 (가산동, KCC웰츠밸리))
전화 | (02) 851-9511
팩스 | (02) 852-9511
전자우편 | appbook21@naver.com

ISBN 978-89-86607-93-2 03220

값 7,000원

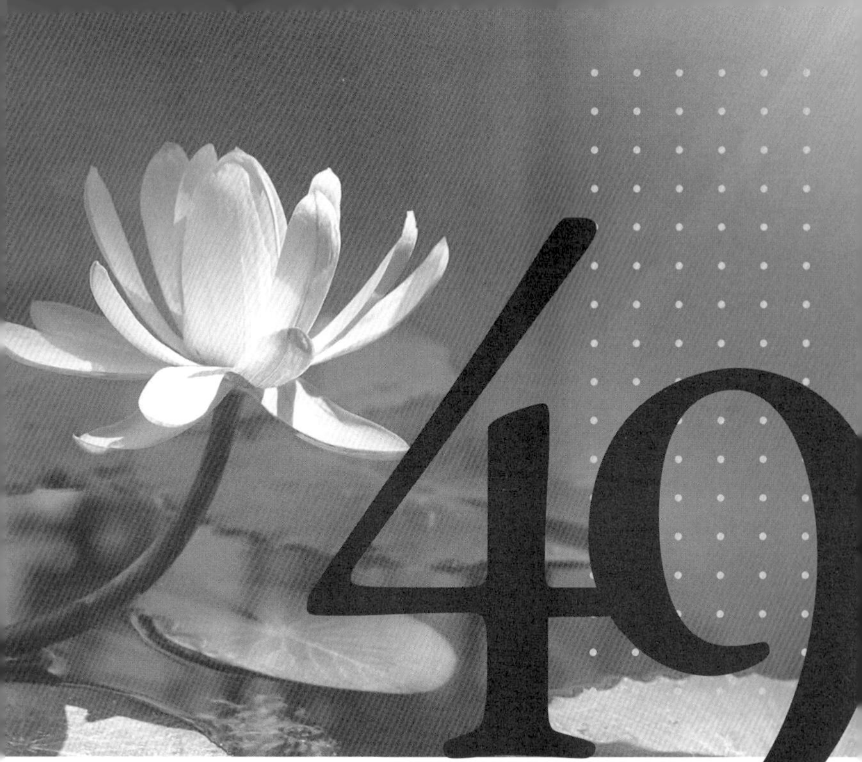

현대의 영가천도 영험담 수록

49재 공덕과 의미

정의행 엮음

책을 펴내며

우리 겨레의 상례 풍속으로 뿌리내려 오늘날까지 많은 사람들이 봉행하고 있는 사십구재(四十九齋)는 불교의 영가 천도 의식 가운데 대표적인 의식입니다. 사람이 죽으면 생전에 지은 업에 따라 다음 생을 받을 때까지 49일 동안 과도적인 중음신(中陰身)으로 떠돌게 되는데, 이 동안에 부처님께 공양을 올리며 영가를 천도하여 좋은 곳으로 보내 드리는 의식이 바로 사십구재입니다.

죽은 이의 영가가 사십구재를 통하여 생전에 지은 업장을 소멸하고, 태어남도 죽음도 없는 자기의 본 면목을 깨우치면 곧 생사에 대한 집착으로부터 벗어나 극락세계에 갈 수 있습니다. 그러므로 천도재는 단순한 제사나 추모제가 아니라 영가를 위한 법회라고도 할 수 있습니다.

그러나 천도재는 단지 영가를 위한 법회일 뿐만 아니라 살아 있는 사람들을 위한 법회이기도 합니다. 살아 있는 사람들은 천도재의 기회를 통하여 자신의 삶을 돌아보며 악업을 참회하고 새롭게 발심할 수 있기 때문입니다.

이 책은 사십구재와 영가 천도에 대하여 바르게 알고 정성을 다하여 동참할 수 있도록 사십구재의 참뜻과 공덕을 알기 쉽게 풀이하였습니다. 뿐만 아니라 현대에 이르기까지 많은 불자들이 생생하게 겪은 영가 천도의 영험 사례도 실었습니다.

누구든지 이 책을 읽고 업장 소멸을 위한 참회 수행과 모든 생명들을 위한 보살행에 정진함으로써 극락왕생의 길을 미리 닦으시기 바랍니다. 그리고 더 나아가 청정한 마음자리에서는 본래 생사(生死)가 없음을 깨달아 성불(成佛)의 인연을 지으시기 바랍니다.

많은 분들의 도움으로 이 책을 펴내게 되었습니다. 주요 내용을 살펴 주시고 도움 말씀을 주신 용화정사 주지 혜광 스님과 문빈정사 법륜 스님, 광륵사 주지 능인 스님께 감사드립니다.

아울러 영가 천도의 생생한 영험담을 싣게 해 주신 안심정사 주지 법안 스님, 월현사 주지 행법 스님, 대원사 주지 현장 스님과 여러 불자님들께 깊은 감사를 드립니다.

엮은이 합장

차　례

제1부 문답으로 알아보는 49재와 천도

제2부 영가 천도 영험담

제3부 영가 천도 의식

제4부 영가 천도를 위한 불자 지송

49재 공덕과 의미

문답으로 알아보는 49재와 천도

제1부

01

영가 천도는 왜 해야 합니까? 그리고 어떻게 해야 합니까?

사람이 죽으면, 곧바로 극락세계로 왕생(往生)하는 아주 선한 사람이나 곧바로 지옥에 떨어지는 극악한 사람을 제외하고는 대부분 다음 생을 받을 때까지 중간적인 존재인 중음신(中陰身)으로 49일 동안 떠돌게 됩니다.

49일이 지나면 생전에 지은 업(業)에 따라 여섯 갈래 윤회의 세계 가운데 생을 받게 되는데, 이 49일 동안에 유가족이 영가(靈駕 : 죽은 이의 신령한 의식)를 위해 공덕을 지으면 영가가 나쁜 세계에 떨어지지 않고 좋은 곳에 갈 수 있습니다. 이렇게 죽은 이의 영가가 좋은 곳으로 잘 건너가도록 인도해 주는 것을 영가 천도(薦度)라고 합니다.

영가 천도를 하려면 사람이 죽은 후 49일 동안 절에서 사십구재를 지내야 합니다. 더 나아가 백일째 되는 날 백재를 지내거나 1주기 또는 3주기에 천도재를 지내기도 합니다. 그리고 죽은 지가 오래 된 영가는 특별히 천도재를 지내 천도를 할 수 있습니다. 어느 경우에나 유가족의 신심과 정성이 필요합니다.

천도재를 지내는 기간 동안 유가족은 목욕 재계를 하고 절에서 재를 지낼 뿐 아니라 날마다 지장경 · 아미타경 · 법화경과 같은 부처님 경전을 읽으며 영가의 극락왕생을 기원해 주는 게 좋습니다. 또 경전을 펴내 널리 법을 전하는 법보시를 하여 영가를 위해 공덕을 지어주면 영가가 반드시 천도됩니다.

02

누구나 자기가 지은 업(業)에 따라 과보를 받는다고 하는데, 영가 천도를 하면 죽은 이가 정말 좋은 곳으로 갈 수 있습니까?

본질적으로는 자기가 생전에 지은 업에 따라 과보를 받는 것이지만, 죽은 후에라도 영가(靈駕)가 미혹한 마음을 돌려 진리를 깨달으면 다음 생에 좋은 곳에 날 수 있습니다.

그러므로 죽은 이의 영가를 인도하여 영가 스스로가 생전의 죄업을 참회하도록 권하고 부처님의 법을 들려주어 깨닫게 하기 위해 영가 천도를 하는 것입니다. 죽은 이에게 수도할 기회를 주는 것이지요. 결국은 영가 자신이 업장(業障)을 소멸함으로써 죄업의 과보를 면할 수 있는 것입니다.

또한 유가족이 죽은 이를 위해 선업(공덕)을 지어도 죽은 이의 업에 영향을 끼칠 수 있습니다. 중생의 업은 서로서로 영향을 끼칠 수 있기 때문입니다. 지장경(地藏經)에 따르면, "유가족이 죽은 이를 위해 재(齋)를 베풀어 공덕을 지으면 죽은 이가 나쁜 세계에 떨어질 죄업이 있다 하더라도 인간세계나 천상에 태어나게 된다"고 했습니다. 물론 죄업으로 고통 받는 중생들을 모두 구제하고자 큰 서원을 세우신 불보살님의 원력(願力) 덕분에 극락세계에 왕생(往生)할 수도 있지요.

마치 바다에 던지면 가라앉을 바위도 배에 실으면 가라앉지 않는 것과 같습니다. 불교의 영가천도는 결코 미신이 아닙니다.

03

영가 천도 의식은 결국 죽은 이를 위해 남이 대신 선업(공덕)을 지어주는 셈인데, 그렇다면 영가 천도가 아니더라도 어려운 이웃을 돕고 보시하는 등의 선업을 지어도 저와 관련된 영가가 천도됩니까?

죽은 이를 위하는 마음으로 어려운 이웃을 돕고 보시하는 것도 죽은 이를 위해 선업을 대신 지어주는 것이므로 같은 의미이긴 하지만, 영가 천도 의식은 그러한 의미 외에도 영가를 깨우치기 위해 부처님의 법을 들려주는 의식이므로 꼭 필요합니다.

천도 의식을 보면 귀의, 참회, 염불, 독경, 헌공, 청법, 발원 등의 내용으로 이루어져 있습니다. 따라서 영가를 위해 복을 짓는 의식일 뿐만 아니라 영가를 위한 법회라 할 수 있지요. 그러므로 죽은 이를 위하는 마음으로 어려운 이웃을 돕는 좋은 일도 많이 하시고, 아울러 영가 천도도 하시기를 권합니다.

04

생전에 선업을 지은 사람은 죽은 후 그 업에 따라 자연히 좋은 곳에 새로운 몸을 받아 태어났을 텐데 천도재를 지낼 필요가 있습니까?

영가가 생전에 지은 선업의 과보로 이미 좋은 곳(천상이나 인간)에 태어났다 하더라도 천도재를 지내 주면 영가가 새롭게 부처님의 법을 깨닫고 생사윤회(生死輪廻)로부터 해탈할 수 있게 됩니다. 천도재는 단지 죽은 이의 명복을 비는 의식이 아니라 영가에게 부처님의 법을 들려주는 의식이기 때문입니다. 더욱이 부처님의 가르침을 듣지 않아도 좋을 정도의 영가는 별로 없지 않겠습니까?

그리고 천도재를 지내면 영가도 영가지만 유

가족에게 좋은 공덕이 됩니다. 유가족은 이 기회를 통해 지난날의 죄업을 참회하고 재계(齋戒)를 지켜 청정한 생활을 되찾게 되어 업장을 소멸하고 공덕을 짓게 됩니다. 그래서 지장경에도 "죽은 이를 위해 재를 지내면 그 공덕의 7분의 1만 죽은 이에게 가고, 7분의 6은 재를 지내는 사람들에게 간다"고 하였습니다.

그러므로 천도재를 지낼 때 단지 죽은 이의 명복을 비는 재로 그치지 말고 스스로 참회와 수행의 좋은 기회로 삼으시기 바랍니다. 예를 들어, 어떤 사람이 돌아가신 부모님을 위해 천도재를 지낸다면, 부모님 생전에 자신이 저지른 불효와 악업을 참회하고 새롭게 태어나는 기회로 삼아야 할 것입니다.

천도재를 지내는 동안 유가족이 지켜야 할 재계는 '팔관재계(八關齋戒)'라 하여 여덟 가지가 있습니다.

첫째, 생명을 죽이지 말아야 합니다.

둘째, 남의 것을 훔치지 말아야 합니다.

셋째, 음란한 행위를 하지 말아야 합니다.

넷째, 거짓말을 하지 말아야 합니다.

다섯째, 술을 마시지 말아야 합니다.

여섯째, 꽃이나 향으로 몸을 꾸미지 말고 노래하거나 춤추지 말아야 합니다.

일곱째, 높고 넓은 큰 상에 앉지 말아야 합니다.

여덟째, 때(오전)가 아니면 먹지 말아야 합니다.

예로부터 불공을 드릴 때 목욕 '재계' 하고 불공을 드린다고 하는데, 이 여덟 가지 재계를 지킨다는 뜻입니다. 특히 49재를 지내는 기간에는 늘 목욕 재계하고 근신하여 행동과 말과 생각을 깨끗이 해야 합니다.

05

청정하게 수행을 하신 스님이나 불자도 돌아가신 후에 영가 천도를 해야 합니까?

청정하게 수행을 하여 깨달으신 스님이나 불자의 영가를 '각령(覺靈)' 이라고 합니다. 그러한 각령은 이미 생사윤회로부터 해탈했거나 극락세계에 왕생하여 굳이 천도를 할 필요가 없겠지만, 존경하고 공양하는 뜻에서 독경이나 염불을 합니다. 또 중생 교화를 위해 다시 사바세계에 오시라고 청하는 '종사영반(宗師靈飯)' 이라는 의식을 거행합니다. 설혹 영가 천도를 한다 하더라도 살아 있는 사람들이 복을 받게 되니 좋은 일이 아니겠습니까?

06

요즘은 불교인뿐만 아니라 일반인들도 흔히 49재를 관습처럼 지내는데 49재는 어디서 유래된 것입니까?

일반인들도 영가의 존재를 믿든 안 믿든 부모에 대한 효도를 다한다는 의미에서 49재를 지내는 것 같습니다. 부모님이 살아 계실 때 효도를 다했다고 자부할 사람은 아마 거의 없을 것입니다. 그러므로 이 기간 동안이라도 자신의 불효를 참회하고 반성하는 시간을 갖는 것도 의미가 있을 것입니다. 불교에서도 죽은 이를 위해 재를 베풀면 죽은 이보다 산 사람이 더 많은 복을 받게 된다고 합니다.

그러나 49재의 본질적 의미는 영가의 천도에

있습니다. 지장경에 따르면, "사람이 죽으면 49일 동안 자기의 죄와 복을 알지 못한 채 어둠 속을 헤매다가 염라대왕 앞에서 업보의 옳고 그름을 따진 뒤에야 업에 따라 다음 생을 받게 된다"고 했습니다.

사람이 죽으면 다음 생을 받게 될 때까지 중음신으로 떠돌게 되는데, 이 기간이 49일이라고 합니다. 이 49일 동안 죽은 이의 선악업(善惡業)을 따져 그 과보로 다음 생이 결정납니다. 그러므로 이 동안에 유가족들이 죽은 이를 위하여 재를 베풀어 공덕을 지으면 죽은 이가 좋은 곳에 갈 수 있게 됩니다.

07

49재는 왜 49일 동안 이레마다 지냅니까? 7이라는 숫자에 특별한 의미라도 있습니까?

49일 동안 이레마다 재를 지내는 까닭은 유명계(幽冥界 : 저승)의 시왕(十王)이 이레마다 죽은 이를 심판한다는 시왕(十王) 신앙에서 유래되었습니다. 물론 지장경에도 "죽은 이를 위하여 이레 동안 또는 세 이레(삼칠일 곧 21일) 동안 지장보살께 예배하고 공양하면 죽은 이가 좋은 곳에 갈 수 있다"고 했으며, 장수멸죄경(長壽滅罪經)에도 "이레 동안이나 사십구일 동안 죽은 이를 위해 복을 지으면 죽은 이가 그 공덕 가운데 7분의 1을 얻게 된다"고 하셨습니다. 또 약사경(藥師經)에도, "목숨이 다한 사람을 위하여 스님들을 청해 독경(讀經)을 하고 부처님께 공양하면 7일이나 21일 또는 35일이나 49일이 지나 영험이 있다"고 하셨습니다.

이와 같이 불교에서는 전통적으로 7을 의미 있는 숫자로 여기고 이레 단위로 재를 지내 왔습니다. 우리 민족도 예로부터 자식을 낳으면 세 이레(삼칠일) 동안 금줄을 치고 근신하는 풍습이 있는데, 동서양을 막론하고 7이라는 숫자를 원만한 수로 여겨 왔던 것 같습니다.

08

49재는 사람이 죽은 후 49일 동안에 영가를 천도하는 의식이라고 하는데, 천도를 하지 못한 채 49일이 지나면 어떻게 됩니까?

49일이 지나도 다음 생을 받지 못하고 떠도는 영가는 지난 생에 대한 집착이 강한 영가입니다. 이러한 영가도 백재(百齋 : 백일째 되는 날의 천도재)나 1주기 또는 3주기 때의 천도 의식을 통해 부처님의 법을 들려주어 생사에 대한 집착을 버리게 하면 마침내 천도가 됩니다.

죽은 지 오래 된 사람도 천도할 수 있습니까?

한 생을 마친 뒤 다음 생을 받기 전인 49일 안에 영가 천도를 하면 확실하게 천도가 되어 좋은 곳에 태어나거나 극락왕생할 수 있음은 물론이지만, 죽은 지 오래 되어 이미 나쁜 세계에 떨어진 이도 유가족이 지극 정성으로 부처님께 공양을 올리며 천도재를 지내면 나쁜 세계에서 벗어나게 됩니다.

지장경을 보면, 지장보살이 전생에 바라문의 딸이었을 때, 어머니가 죽은 뒤 생전의 죄업으로 이미 지옥에 떨어졌는데 어머니를 위해 절에 가서 부처님께 정성껏 공양을 올리자 어머니는 물론 지옥 중생들까지 지옥에서 벗어나 천상에 태어났다는 이야기가 나옵니다.

또 지장보살이 전생에 '광목' 이라는 여인이었을 때, 광목의 어머니가 죽은 뒤 무거운 죄업으로 이미 여러 번 지옥에 떨어졌는데, 광목이 부처님의 모습을 그려 모시고 예배하며 공양을 올리자 지옥에서 벗어나 종의 자식으로 태어났고, 광목이 또 다시 부처님께 발원하자 어머니는 바라문으로 태어나 장수를 누린 뒤 다음 생에 마침내 부처가 되었다는 이야기도 나옵니다.

심지어 지장경에는 "한 생(生)의 부모 · 형제 · 가족뿐만 아니라 열 생 · 백 생 · 천 생의 부모 · 형제 · 가족도 천도될 수 있다"고 했으니, 죽은 지 오래 된 영가나 조상도 분명히 천도된다는 것을 알 수 있습니다.

10

죄업을 많이 지은 사람도 천도하면 극락세계에 갈 수 있나요?

아무리 죄업을 많이 지은 사람도 유가족이 정성껏 천도재를 지내면 그 공덕의 힘으로 죄업을 소멸하고 좋은 곳에 태어나게 됩니다.

지장경에 따르면, 그런 사람도 천도되면 여섯 갈래 윤회의 세계 중에 가장 좋은 곳인 천상이나 인간세계에 태어나게 됩니다. 그리고 더 나아가 자기 죄업을 깊이 참회하고 진심으로 부처님께 귀의하며 선근(善根)을 심게 되면 극락세계에도 갈 수 있습니다.

11

평소에 독경이나 사경, 기도를 하며 영가를 위해 축원하고 있는데 굳이 영가 천도재를 지내야 합니까?

일반 불자들도 평소에 독경이나 사경, 염불, 기도를 법답게 하면 영가가 천도됩니다. 다만 이때 경전을 입으로만 읽어서는 안 되고 스스로 뜻을 잘 깨치고 마음에 새기면서 읽어야 합니다. 그래야 영가가 알아듣고 깨칠 수 있기 때문입니다. 염불을 할 때도 부처님의 명호(名號)를 입으로만 부르지 말고 자기 마음속 깊이 모시면서 불러야 합니다.

약사경이나 장수멸죄경에, 스님을 청하여 대승경전을 읽으라고 하신 것도 경전에 밝은 수행자가 영가 천도를 해야 천도가 잘 되기 때문입니다.

또 영가 천도재는 단지 경전을 읽을 뿐만 아니라 영가로 하여금 업장(業障)을 참회하여 씻고 지난 생에 대한 집착과 번뇌를 끊도록 법문을 들려주는 의식입니다. 또 인연 있는 영가뿐만 아니라 인연이 없는 영가들(무주고혼)까지 모두 모셔다가 진리의 음식을 베풀어 제도하는 것이 천도재의 참뜻입니다. 그러므로 불자들이 평소에 독경이나 사경, 염불, 기도를 하고 있더라도 영가 천도재를 지내면 영가를 위해 더욱 큰 공덕을 짓는 일이 됩니다.

12

생활 형편이 어려워 영가 천도재가 부담이 되는데 어떻게 해야 합니까?

스님과 상의해서 부담을 덜 수 있는 방법을 찾아서 천도재를 하면 됩니다. 단독으로 하기 어려우면 다른 사람들과 함께 합동으로 천도재를 할 수도 있습니다. 또 앞에서 나온 것처럼 영가를 위해 평소에 독경이나 사경, 염불을 많이 해 주어도 좋습니다.

가장 쉬운 방법은 영가를 위해 일심으로 '나무 아미타불'을 외는 것입니다. '나무 아미타불'이란 '극락세계의 아미타 부처님께 귀의한다'는 말입니다. 이렇게 염불을 하면서 죽은 이가 아미타 부처님께 의지하여 극락세계에 왕생하기를 간절히 기원하는 것입니다.

또 지장보살님의 명호를 부르기도 합니다. 지장보살님은 모든 중생을 남김없이 해탈하게 한 뒤에 부처가 되겠다는 큰 서원을 세우시고 지옥에까지 몸을 나투시어 죄업으로 고통받는 중생을 건져 주시는 보살이시기 때문에 그 명호만 불러도 위신력(威神力)을 입을 수 있습니다. 더욱이 지장경, 아미타경, 법화경과 같은 대승경전을 여러 번 읽고 베껴 쓰거나 다른 사람들에게 널리 법보시(선물)하면 더 말할 나위 없이 영가가 천도될 수 있습니다. 이 밖에도 영가를 위해 다라니(진언)를 외우거나 영가에게 보살계(菩薩戒)를 주는 등의 천도 방법이 있습니다. 그리고 삼칠일(21일) 동안 영가를 위해 광명진언(光明眞言)을 외우면 효험을 빨리 볼 수 있습니다. 광명진언은 부처님의 한량없는 자비와 지혜의 힘으로 새로운 생을 얻게 하는 신령스러운 힘을 지니고 있는 진언이기 때문입니다. 더욱이 29자로 된 짧은 진언이기 때문에 일상생활 속에서 쉽게 간

직하고 외워 영가를 천도할 수 있습니다.

광명진언

『옴 아모카 바이로차나 마하무드라
마나파드마 즈바라 프라바를타야 훔』 (반복)

13

식구들은 영가 천도를 미신이라고 하는데 어떻게 설득해야 합니까?

영가 천도를 미신이라고 배척하는 식구들에게는 인과법(因果法)과 윤회(輪廻)의 이치를 차분하게 설명해 주고 설혹 영가 천도를 믿지 않더라도 천도재를 통해 죽은 이가 좋은 곳에 가기를 기원하는 것이 유가족으로서 당연한 도리라는 것을 설득해야 합니다.

윤회의 이치를 설명할 때에는, 인연(원인과 조건)에 따라 물이 얼음이 되고 우유가 버터가 되는 것처럼 사람도 죽으면 끝나는 게 아니라 업과 인연에 따라 다른 생을 받게 된다는 것을 일러

주어야 합니다. 또 비록 우리 눈에 보이지 않을지라도 죽은 이의 영가가 존재하므로 천도재에 와서 부처님 법을 듣고 깨치면 나쁜 세계에서 벗어날 수 있다는 것도 알려 주어야 합니다. 이 이치도 역시 인과법에 따른 것입니다.

14

절에서 하는 천도재는 무당 판수의 굿과 어떤 차이가 있습니까? 그리고 무당이 모시는 부처님 · 신장은 절에 모신 부처님 · 신장과 어떻게 다릅니까?

영가를 위한다는 점에서 비슷한 것 같지만, 무당 판수의 굿은 무경(巫經 : 무속 경전)을 외우며 영가의 원한을 들어주고 달래주는 데 불과하지 영가를 제도하지는 못합니다. 반면에, 절에서 하는 천도재는 법문과 염불을 하며 영가에게 부처님의 정법(正法)을 가르쳐 생사에 대한 집착을 버리게 하므로 영가를 제도할 수 있습니다. 더욱이 영가 천도는 영가를 깨우치는 의미도 있느니만큼 부처님의 가르침을 바르게 알고 수행하는 사람이 천도재를 봉행해야 합니다.

무당이 모시는 불상이나 신장(神將)도 절에 모신 부처님이나 신장들과 모습은 같지만 위신력(威神力)이 다릅니다. 절에 모신 부처님은 사부대중(四部大衆 : 남녀 스님과 남녀 신도)이 예배하고 공경하는 부처님이고 신장들도 삼보(三寶)와 정법을 수호하는 화엄신장이지만, 무당이 모시는 불상이나 신장은 개인의 복락를 위해 기원하는 대상이므로 위신력에 차이가 있습니다. 마치 모든 기능을 갖춘 최신식 컴퓨터를 이용방법을 몰라 워드프로세서로만 사용하는 사람이 무당이나 판수입니다.

15

사별한 가족과 사후에 다시 만날 수 있습니까?

인연법으로 보면, 생사윤회로부터 벗어나지 않는 한, 업(業)의 인연으로 맺어진 가족은 어떤 모습으로든 다시 만나게 됩니다. 그러나 돌아가신 가족의 진정한 안락을 위해서는 영가가 집착을 떨쳐 버리고 윤회로부터 해탈할 수 있도록 영가 천도를 하거나 영가를 위해 독경이나 염불을 해 주는 게 좋습니다.

그리고 유가족들도 돌아가신 가족과 무상한 생사윤회의 세계에서 다시 만나는 것보다는 영원한 깨달음의 세계(극락, 정토)에서 서로 이끌어 주는 도반(道伴)으로 만날 수 있도록, 돌아가신 가족에 대한 집착에서 벗어나 부지런히 수행 정진하시는 게 좋겠습니다.

16

영가는 음식을 먹지 못할 텐데 재를 지낼 때 음식은 왜 차립니까?

영가는 중음신(中陰身)이라 입으로 음식을 먹는 것은 아니지만 냄새로 먹습니다. 그리고 정성스레 차린 음식을 보는 것만으로도 배가 부릅니다. 그러므로 음식을 정성껏 마련하여 재를 지내야겠지요.

지장경에도, 영가의 유족이 재를 지낼 때 정성을 다하여 깨끗하게 음식을 만들어 차려야 하며, 쌀뜨물이나 나물 따위를 함부로 땅에 버리지 말라고 했습니다. 그리고 음식을 부처님과 스님들께 올리기 전에 먹어서는 안 된다고 했습니다.

만약에 먼저 먹거나 음식을 깨끗하게 만들지 않으면 아무리 천도재를 지내도 영가가 복력(공덕의 힘)을 얻지 못한다고 했습니다.

본래 '재(齋)'라는 것은 이와 같이 그 누구보다 먼저 부처님과 스님들께 음식을 공양하는 불공(佛供)입니다. 그러므로 영가가 음식을 먹든 안 먹든 정성껏 부처님과 스님들께 공양을 올린다면 영가를 위해 큰 공덕이 될 것입니다.

17

천도재를 지낼 때 유가족이 대야나 칫솔 · 비누 · 수건 · 속옷 · 옷 등을 준비하는 까닭은 무엇입니까?

천도재를 지낼 때 '관욕(灌浴)'이라는 절차가 있는데, 병풍으로 두른 관욕단 안에서 향탕에 영가를 씻기고 깨끗한 옷을 입힌 후 부처님께 예배를 올리고 법문을 듣게 합니다. 이럴 때 대야나 칫솔 · 비누 · 수건 · 속옷 · 옷 등이 필요합니다. 이런 것들을 유가족이 손수 준비하는 것은 정성을 들이기 위해서입니다. 천도재에 필요한 음식이나 도구를 유가족이 손수 마련한다면 더욱 정성스러운 천도재가 되겠지요.

18

석가모니 부처님도 계시고 여러 부처님이 계시는데, 천도재를 지낼 때 왜 특히 아미타불을 부릅니까?

아미타불, 즉 아미타부처님은 수많은 부처님들 중에서도 특히 중생의 해탈과 성불을 위해 48대 서원(誓願)을 세우시고 일체의 고통이 없는 극락세계(極樂世界)를 건설하신 부처님입니다. 그러므로 이 세상에 살면서 깨달음을 얻지 못하고 죽은 영가에게 생에 대한 집착과 미련을 끊고 아미타부처님께 귀의하여 극락세계에 태어나 꼭 성불(成佛)하기를 권하는 것입니다. 극락세계는 아주 좋은 학교와 같아서 그곳에 태어난 사람들은 아미타부처님의 설법을 듣고 깨달음을 쉽게 얻을 수 있습니다.

아미타경(阿彌陀經)에 따르면, 믿음이 좋은 사람이 이레 동안 일심으로 아미타불의 명호를 외우면 임종할 때 아미타부처님께서 몸소 거룩하신 대중들과 더불어 그 사람 앞에 나타나시어 극락세계로 인도하신다고 했습니다. 심지어 관무량수경(觀無量壽經)에는, 아무리 무거운 죄업을 지은 사람일지라도 임종시에 선지식(善知識 : 불법을 잘 아는 이)의 가르침을 따라 지성으로 '나무아미타불'을 열 번 부르면 극락세계에 왕생(往生)한다고 하셨습니다.

그러나 그러지 못하고 숨을 거두었을 경우에는 천도재를 통해 영가가 아미타불을 염불할 수 있도록 권하는 것입니다.

19

인로왕보살님은 어떤 보살님이며 5여래는 어떤 부처님들입니까?

인로왕보살(引路王菩薩)님은 이름 그대로 영가를 맞이하여 극락세계로 인도하는 보살님입니다. 인로왕보살님은 관세음보살님이나 지장보살님처럼 별도의 단에 모셔져 있지는 않지만 영단(靈壇)에 탱화나 '나무 대성 인로왕보살' 이라고 쓴 깃발로 모시는 보살님입니다.

영가 천도재를 할 때 맨 처음 '시련(侍輦)' 이라는 의식을 거행하는데 이때 인로왕보살님이 영가를 불보살님의 도량으로 인도하게 됩니다. 이때 법사 스님은 인로왕보살님의 기를 선두에 세우고 '나무 대성 인로왕보살'을 외우며 행진합니다.

그리고 5여래는 장례 의식 때 당번에 써서 단위에 모시고 예배하는 다섯 분의 부처님으로 중방 화장세계 비로자나불, 동방 만월세계 약사유리광여래불(藥師琉璃光如來佛), 남방 환희세계 보승여래불(寶勝如來佛), 서방 극락세계 아미타불, 북방 무우세계 부동존불(不動尊佛) 등입니다. 이 다섯 분의 부처님께 영가를 정토 세계로 인도해 주시길 기원하며 예배합니다.

천도재를 올려 윤회의 굴레로부터 영가를 천도하는 장면을 그린 감로탱화(甘露幀畵)에 나오는 7여래는 다보여래(多寶如來), 보승여래(寶勝如來), 묘색신여래(妙色身如來), 광박신여래(廣博身如來), 이포외여래(離怖畏如來), 아미타여래(阿彌陀如來), 감로왕여래(甘露王如來) 등입니다.

20

이유 없이 아픈 것은 영가 때문에 그러는 것이라고 하던데 이럴 때는 어떻게 해야 합니까?

영가가 일으키는 장애로 인해 앓는 것이기 때문에 영가 천도로 해결해야 합니다. 특히 이유 없이 오랫동안 병을 앓을 경우에는 구병시식(救病施食)을 하기도 합니다. 구병시식은 어떤 사람에게 특별히 영향을 끼쳐 병을 일으키는 영가를 천도하는 의식입니다.

영가가 일으키는 장애는 사람에 따라 천차만별입니다. 이름 모를 병뿐만 아니라 아무리 약을 써도 효험이 없고 계속 병에 시달릴 때, 나을 만한 약을 싫어하고 먹으려 들지 않을 때에는 영가의 장애로 인한 병이기 쉽습니다.

그런데 이러한 병도 부처님께 대한 신심이 깊고 선한 일을 많이 하여 선근(善根)이 두터운 사람은 병이 깊지 않고 그렇지 않은 사람은 병이 깊습니다. 그러면 도대체 왜 죽은 이의 영가가 사랑하는 유가족에게 해코지를 하는 걸까요?

사람이 죽은 후 49일이 지나면 대부분의 사람은 새로운 몸을 받게 되는데 어리석음으로 자신의 몸이 사라진 줄을 알지 못하고 예전의 인연들에 집착을 갖는 사람들은 새로운 몸을 받지 못하고 중음신으로 떠돌며 자신의 가족 곁을 떠돕니다. 그리고 새로운 세계에 태어나더라도 죄업이 무거운 사람들은 지옥·아귀·축생 등 괴로움이 가득 찬 세계에 빠져 있으면서 속세의 가족들에게 자신을 괴로움에서 건져 달라고 호소합니다. 이 때문에 살아 있는 가족들이 시달리게 됩니다.

지장경에 따르면, 이미 죽은 가족들이 나쁜 세계에 빠져 고통을 받으면서 구원을 호소하고자 현세의 가족들 꿈속이나 잠결에 나타나 슬피 울며 근심하고 탄식하거나 두려워하며 겁내는 모습을 보인다고 합니다. 죽은 가족들의 영가 때문에 유가족이 악몽을 꾸는 등의 고통을 받는 것입니다. 이런 경우에는 영가 천도를 해 주고 지장경의 가르침대로 부처님과 지장보살상 앞에서 지극한 마음으로 지장경을 여러 번 읽으면, 영가가 이미 나쁜 세계에 떨어졌다 하더라도 해탈을 얻게 되어 유가족이 더 이상 이유 모를 병이나 악몽에 시달리지 않게 됩니다.

21

임신 중절(낙태)한 아이도 천도해야 합니까?

물론 천도해야 합니다. 임신 중절한 아이도 하나의 생명입니다. 태아도 생에 대한 애착과 감정이 있다는 것은 널리 알려진 사실입니다. 그러한 생명을 임신 중절하는 행위는 살생임에 틀림없습니다.

우리나라에서만도 한 해에 태어나는 아이의 2.5배가 넘는 150만 명 이상의 태아가 인공 임신 중절로 생명을 잃고 있습니다. 전쟁이나 학살 못지않게 무서운 일입니다. 그보다 더 심각한 것은 이렇게 태아의 생명을 죽이고도 죄책감을 느끼지 못하는 사람이 태반이라는 사실입니다. 인과법(因果法)을 모르기 때문입니다.

불교에서는 낙태(인공 임신 중절)를 살생으로 여기고, 무간지옥에 떨어질 극악한 죄라고 합니다. 부처님께서는 "자기 태아를 낙태시킨 중생은 그 죄로 말미암아 지옥에 떨어져 백천 세 동안 한량없는 고통을 받게 된다."고 말씀하셨습니다(잡아함 타태경). 또 "태아를 죽인 죄업으로 무간지옥에 떨어져 쉴 새 없이 견디기 어려운 고통을 받게 된다."고 하셨습니다(장수멸죄경).

임신 중절을 많이 한 여성들이 우울증 등 온갖 병에 시달리거나 까닭 없이 남편과 불화하는 경우가 많은데, 이것이 바로 현세에서의 업보입니다. 중절한 아이의 영가는 태어나지 못한 생에 대한 집착과 원망 때문에 쉽게 다음 생을 받지 못한 채 중음신으로 오랫동안 떠돌며 제 부모나 형제자매에게 장애를 일으키는 수가 많습니다.

이러한 경우에는 부모로서 깊이 참회하면서 중절한 아이의 영가를 천도해 주어야 합니다. 그렇게 하면 그 아이가 이승에 대한 집착과 부모에 대한 원망심을 버리고 좋은 곳으로 가게 됩니다.

22

자연유산한 아이도 천도해야 합니까?

자연유산은 임신 중절보다는 죄업이 무겁지 않겠지만 부모에게도 책임이 있으므로 임신 중절한 경우와 마찬가지로 참회하는 마음으로 천도해야 합니다. 설혹 부모의 책임이 아니라 할지라도, 유산된 아이의 영가를 위해 천도해 주는 것이 부모의 도리입니다. 비록 태어나지 못하였지만 생명은 생명이기 때문입니다.

예로부터 아이가 유산되었을 경우, 흔히 부모와 악연(惡緣)으로 맺어진 아이라고들 합니다. 유산된 그 아이는 전생에서부터 부모와 어떤 인연이 있어 금생에 부모에게 태를 의탁하였다가 유산되어 부모의 마음에 큰 고통을 안겨 주는 것입니다. 그러므로 더더욱 아이의 영가를 천도하여 업장을 소멸해야 합니다.

23

임신 중절(낙태)한 아이는 어떻게 천도해 주어야 합니까?

장수멸죄경에, 중절한 아이가 다음 생을 받기 전에 부처님이나 큰스님을 청하여 이레 동안 대승경전을 읽으며 향을 사르고 꽃을 흩어 주라고 하였습니다. 그러면 죄업이 소멸된다고 하였습니다.

중절한 아이의 부모는 햇빛을 보지도 못하고 죽은 아이에 대하여 깊이 참회하는 마음으로 다시는 그러한 죄업을 저지르지 않겠다는 맹세를 하며 아이의 영가 천도를 해야 합니다.

천도하는 방법으로는 장수멸죄경에 말씀하신

대로 대승경전을 독송하며 이레(또는 49일) 동안 천도재를 지내는 것 외에도, 지장경에 나오는 것처럼 지장보살상을 모시고 천도재를 지내는 방법, 부모가 아이의 영가를 위해 반야심경이나 지장경 등을 직접 베껴 쓰는 사경(寫經), 독경(讀經), 그리고 지장보살님의 모습을 직접 그리며 공양하는 사불(寫佛), 참회불인 53불이나 지장보살님의 명호를 부르며 참회하는 염불, 일정한 날에 절에 가서 참회 기도를 하는 등의 방법이 있습니다.

그런데 절에 모든 것을 맡기고 면죄부를 얻은 양 생각해서는 죄업을 소멸할 수 없습니다. 절에서 천도재를 지냈다 하더라도 부모로서 참회하는 마음으로 집에서도 꾸준히 지장경 등의 대승경전을 독송하거나 사경, 사불, 염불을 하는 것이 좋습니다.

24

임신 중절한 아이를 천도할 때 왜 지장보살님을 모십니까?

지장보살님은 수많은 보살들 중에도 특히 원력(願力)이 크신 지장보살님이십니다. 지장보살님은 여섯 갈래(지옥, 아귀, 축생, 아수라, 인간, 천상 등) 윤회의 세계에서 고통 받는 중생들을 모두 남김없이 고통에서 벗어나게 하고서야 비로소 부처가 되겠다는 서원을 세우신 분입니다.

지장경에 따르면, 죽은 이가 비록 나쁜 세계에 떨어졌다 하더라도 지장보살님을 모시고 공양하면 곧 나쁜 세계에서 벗어나 좋은 곳에 가게 된다고 하셨습니다.

이렇게 원력이 크신 보살님이기 때문에 임신 중절로 죽은 아이와 같은 외롭고 슬픈 영가에 대해서도 각별한 자비심으로 구제하실 것은 당연하지요. 그러므로 예로부터 임신 중절한 아이를 천도할 때 특별히 지장보살님을 모셔 온 것입니다.

특히 일본에서는 지장보살님과 중절아에 얽힌 슬픈 전설이 전해져 오고 있습니다. 이승과 저승 사이에 흐르는 삼도(三途)의 냇가 모래밭에 햇빛을 보지도 못하고 죽은 어린 혼들이 내를 건너지 못하여 냇가에 탑을 쌓은 공덕으로라도 내를 건너고자 돌로 탑을 쌓는데, 애써 쌓아 놓으면 도깨비들이 부수어 버리곤 하여 울다 지쳐 잠이 들었을 때, 지장보살님이 나타나 옷자락으로 감싸주시고 "오늘부터는 나를 어버이로 여겨라"고 하시며 구해 주신다는 이야기입니다.

그래서 아기를 안고 서 계시는 지장보살상이 생겼으며, 임신 중절한 아이를 지장보살님의 위신력(威神力)으로 천도하는 '수자령(水子靈 : 태아 영가) 천도'라는 의식이 생긴 것입니다.

25

주인 없는 외로운 영혼(무주고혼)도 천도 하면 공덕이 된다는데 정말 그럽니까?

물론입니다. 무주고혼(無主孤魂)이란 가족 친지가 있는 영가들(유주고혼)과는 달리 가족 친지도 없이 떠도는 외로운 영가들을 가리킵니다. 이 세상의 햇빛도 보지 못한 채, 그리고 동정도 받지 못한 채 임신 중절로 죽어간 무수한 생명들도 제사조차 지내 줄 사람 없는 외로운 무주고혼입니다.

이러한 영가들은 어두운 곳에서 굶주림과 극심한 고통을 겪으며 다음 생을 받지 못한 채 떠돌고 있다고 합니다.

사실은 부모나 친지가 있는데도 무주고혼의 신세가 되었기 때문에 이러한 영가들은 부모 친지를 원망하여 부모에게 탈이나 병을 일으키기도 합니다.

무주고혼이 자신과 관계가 없다 하여 무관심해서는 안 됩니다. 삼세(三世 : 과거세, 현세, 미래세)에 걸친 인연법에 따르면, 이 세상에 나와 관계(인연) 없는 중생은 하나도 없습니다. 부처님께서는 우리가 육도윤회(六道輪廻)로 수많은 생을 겪는 동안 우리의 부모와 친지가 되지 않았던 사람들은 하나도 없다고 하셨습니다. 그러므로 이러한 외로운 영가들도 남이라 여기지 말고 천도하면 당연히 큰 공덕이 될 것입니다.

불교에서는 예로부터 바다와 육지에서 죽은 무수한 생명들의 무주고혼을 천도하기 위해 수륙재(水陸齋)라는 재를 지내 왔습니다. 지금은 절에서 불자들만 하지만 옛날에는 임금까지 참석하는 국가적인 행사로 봉행하였습니다. 육지에서는 재단을 차려 놓고, 바다에서는 배에서 무주고혼들을 위해 법문과 염불을 해 줍니다.

수륙재는 옛날 중국의 신심 깊은 임금인 양(梁)나라 무제(武帝)로부터 비롯되었다고 합니다. 하루는 무제의 꿈에 신비한 스님이 나타나 이렇게 말했습니다.

"여섯 갈래 중생들의 넋이 어둠 속에서 한없이 떠돌며 고통 받고 있으니, 그대는 수륙재를 지내 그들을 고통에서 구제해 주어라. 이 세상에서 고통 받는 외로운 넋들을 구제해 주는 공덕보다 더 훌륭한 공덕은 없다."

무제는 꿈에서 깨어난 뒤 곧바로 바다와 육지에서 죽은 모든 무주고혼을 위해 수륙재를 지내 주었다고 합니다.

사람이 갑작스레 비명횡사(非命橫死)하였을 때, 자기 죽음을 인식하지 못하고 생에 집착하여 중음신(中陰身 : 사후에 다음 생을 받기 전까지의 혼신)이 허공을 떠돌며, 산 사람들에게 해코지를 한다고 합니다. 교통사고가 난 지점에서 다시 사고가 나곤 한 것도 그러한 영가의 중음신이 그 자리를 떠나지 못하기 때문이라고 합니다.

그러므로 억울하게 죽은 무주고혼들을 정성껏

천도하여, 그들이 원한 맺힌 마음을 풀고 생에 대한 집착에서 벗어날 수 있게 해 주어야 합니다.

26

생전예수재(生前豫修齋)는 생전에 복을 지어서 죽은 뒤 좋은 곳에 가고자 하는 것이라고 하는데, 과연 인과법에 맞습니까?

생전예수재는 생전에 선업(善業)을 짓게 하려는 방편으로 마련한 것인데, 죽은 후 천도재를 하지 않더라도 생전예수재를 하면 생전에 복을 지어 다음 생에 나쁜 세계에 떨어지지 않게 됩니다. 그러므로 인과법에 맞는 것입니다. 따라서 생전예수재를 하는 동안에는 다만 사후(死後)의 복만 빌 것이 아니라 청정한 재계(齋戒)를 지켜야 합니다. 그래야 복을 짓는 법다운 예수재가 될 수 있습니다.

장수멸죄경에 따르면, 살아 있을 때 사십구일

동안 경전을 쓰고 향이나 꽃으로 공양하며 부처님이나 스님들을 모시고 생칠재(生七齋 : 생전예수재)를 베풀면 현세에 장수를 누리게 되며, 죽은 후에도 세 가지 나쁜 세계(지옥, 아귀, 축생)에 떨어지지 않는다고 하였습니다. 그리고 사후의 사십구재는 죽은 이에게 공덕의 7분의 1이 돌아가는 데 비하여, 생칠재는 공덕의 전부를 다 얻을 수 있다고 하여, 사십구재보다 더 나은 것으로 여겼습니다. 다시 말해서 죽은 뒤에 다른 사람이 복을 지어 주는 것보다 살아 생전에 스스로 복을 짓는 것이 훨씬 더 낫다는 것이지요.

49재 공덕과 의미

영가 천도 영험담

제2부

부처님! 부처님! 부처님!

전생의 불연은 수험생 아들을 통하여 열리고

제가 절에 다니기 시작한 것은 1993년 음력 3월 15일 윤달 삼사(三寺) 순례에 친구 유 보살님을 따라가게 된 것이 계기가 되었습니다. 전에는 친구들 모임에서 그 친구가 "좋은 절이 있으니 한번 가자."고 해도 콧방귀만 뀌며 "너나 실컷 미쳐라." 하고 흉을 보았는데, 제가 어쩌면 이렇게 변할 수 있을까요? 제 자신도 어리둥절합니다.

저는 4녀 1남 자녀를 두었는데 막내가 아들입니다. 그러다 보니 정말 귀엽고 귀한 아들이지요. 중학교까지는 기대할 만큼 공부를 잘 했는데, 고 2가 되면서 갑자기 성적이 떨어져 대학에 가기 힘들게 되자 본인도 더없이 힘들어 하고 저

또한 걱정이 태산 같았습니다. 그래서 부처님께 의지해 볼까 하던 차에 우연히 유 보살님이 절에서 삼사 성지순례 가는데 바람이나 쏘일 겸 가자는 말에 문득 가고 싶은 충동이 생겨 따라갔습니다.

스님을 비롯한 여러 신도님들이 신경을 써 주시는데도 한없이 쑥스럽기만 하고 불법(佛法)에 너무 깜깜하여 답답하기만 했습니다. 그래서 부처님 앞에서 다른 신도님들이 절하면 따라 하고 무엇인지도 모르고 남의 흉내만 내고 따라다녔습니다.

그런데 웬일입니까? 오는 길에 재미도 없고 피곤하여 잠시 살짝 잠이 들었습니다. 그런데 세상 뜨신 지 7년이 되신 친정어머님을 비몽사몽간에 뵈었답니다. 너무도 선명하게 평소에 입으셨던 옥색 한복에 노란 금니를 보시면서 반가운 모습으로 씽긋 웃으시는 것이었습니다. 그리고 엄청나게 큰 누런 개가 큰 터널 안으로 들어가는 걸 보았습니다.

깜짝 놀라 깨어 보니 꿈이었는데, 아무리 생각

해도 생시인 것만 같았습니다. 집에 돌아와서도 '이게 보통 일이 아니구나' 라는 생각에, 절에 가면 무슨 뜻인지 알 수 있을 것 같아 절에 가게 되었습니다. 그 후 말로는 다 할 수 없는 신기한 일이 많이 일어났어요. 잠잘 때나 기도할 때나 우리 어머님이 자주 나오셨습니다. 웬일인가 싶어 스님들께 여쭈어 보았더니 어머님이 저에게 오셔서 구원을 요청하시는 것이랍니다. 우리 친정 형제가 8남매인데 유독 저에게…….

스님 말씀에 우리 어머님께서 많은 자녀들에게 복을 다 나누어 주고 어머님 당신은 배가 고프시다고 저한테 알려 달라고 하시더랍니다. 이 말씀을 듣고 기가 막혔으나 정녕 맞다는 것을 가슴 저리게 느꼈습니다. 세상에 어느 어머니나 마찬가지이시겠지만 특히 우리 어머님은 오로지 자식을 위하여 모든 것을 희생하신 분입니다. 우리 형제들이 모이면 모두들 우리 어머님은 세상에 드문 분이라고 입을 모으며 자식이라면 벌벌 떨며 당신 몸은 부서져도 '자식 자식' 하면서 평생을 고생하시다가 떠나신 것을 가슴 아파합니다.

저는 어머님께 특히 빚을 많이 지은 넷째 딸이랍니다. 제가 5남매를 출산할 때마다 모두 동지 선달 아니면 한여름 오뉴월이었는데, 친정어머님께서 항상 회복 간호를 해 주셨거든요. 지금 같지 않고 얼마나 힘든 세상이었습니까? 그때는 세상 어머님들이 모두 자식을 위해 희생하는 것이 당연하다고 저는 생각했습니다. 옛 말씀에 자식 셋 낳아 보아야 부모님 심정을 안다더니 제가 나이 먹어 딸을 출가시키고 보니 이제야 어머님의 은혜와 심정을 조금이나마 느끼면서 감사드릴 수 있습니다. 늦게나마 수억분의 일이라도 효도를 해 보아야겠다는 마음이 용솟음쳤습니다.

그래서 스님들과 상담 끝에 천도재를 올려 드렸습니다. 그날 화장지를 두 통이나 적시면서 실컷 울었습니다. 너무도 신기한 일이 있었지요. 제 눈에 어머님이 보이는데 옥색 한복을 곱게 입고 오셔서 제 손을 꼭 잡고 등을 쓸어 주시면서 "우리 딸 신경 써서 병나겠네. 걱정하지 마라. 우리 동범이 대학 갈 테니 너무 욕심 부리지 말고 편히 생각하고 너 몸조심이나 해라." 하시는 것이었습니다.

전에는 저도 믿지 않았습니다. 그러나 직접 체험하고 보니 꿈만 같고 '역시 저승이 있구나.' 하고 깨달았습니다. 그 후로는 스님의 말씀을 따라 열심히 독경 기도하고 염불 기도, 사경 기도, 불공 기도, 시식 기도를 했습니다. 주로 부모은중경 독경과 사경 기도를 틈만 나면 열심히 했습니다. 아주 즐거운 마음이었지요. 이 즐거움을 혼자 누린다는 게 안타까웠습니다.

너무나 갑자기 변하니까 가족들이나 주위 친구들이 이해를 하지 못하고 구박을 하기도 했습니다. 그 무렵에는 새벽 네다섯 시만 되면 방에서 기도하기가 눈치 보여 천수경과 염주를 가지고 몰래 아파트 옥상에 올라가서 신문지 깔고 앉아 기도를 모셨습니다. 그러나 저를 이해하지 못하는 이들이 미운 생각보다는 안타까운 마음이 들어 '저 불쌍한 중생들이 어서어서 부처님 법을 깨닫게 하여 주십시오.' 하고 간절히 빌었습니다. 그래서인지 그동안 지독하게도 이해를 못하던 남편이 지금은 제가 어쩌다 늦잠을 자기라도 하면 새벽같이 기도하라고 깨워 줍니다. 이 모두가 부처님의 은총이지요.

관세음보살 대불님이 사각모를 쓰시고

한번은 칠성각에서 아들을 위하여 기도를 하는데 초에 불이 붙지 않는 것이었습니다. 그때 밖에 계신 관세음보살 대불님의 크나큰 연꽃송이가 피어오르더니 촛불이 매우 찬란하게 불타오르는 것이었습니다.

그 해 우연치 않게도 친정어머님의 제삿날인 선달 초엿샛날이 아들 동범이의 대학 입시 합격자 발표날이었습니다. 자식이 뭔지 걱정이 되어 어머님 제사는 모시러 가지 못해 죄송스런 마음을 금치 못하며 조바심 속에 기다리던 중 합격했다는 소식을 접했습니다. 합격자 발표 얼마 전 기도 중에 관세음보살 대불님이 사각모를 쓰시고 빙그레 웃으시는 모습을 꿈속에 뵌 적도 있습니다. 아들이 대학에 합격하여 너무도 감격스러웠습니다. 부처님, 감사합니다. 스님과 조상님께도 감사드립니다. 너무나 감사합니다.

그 후로는 더욱 열심히 기도를 드렸습니다.

아침에 눈을 뜨면 신행문, 천수경, 지장기도 천 주 모시고 관음기도 천 주 모시고 약찬게 3독, 화엄기도 천 주, 신묘장구 대다라니 21독을 합니다. 그리고 십재일에 지장경 1독씩 하고 있습니다. 그러다 보면 하루가 바쁘지요. 진언 기도는 일하면서 염송합니다. 꼭 학생들 숙제 안 해 가면 허전한 심정과 같아서 열심히 합니다. 지금까지 지장경은 152독을 했습니다. 늙어서 머리가 돌이 되었는지 한 말씀도 누구에게 전하지는 못하지만 열심히 읽고 있습니다. 제 생에 600독을 하리라 결심하고 있습니다.

기도는 감응으로 나타나니

지난 초여드렛날 백중 기도 입제하던 날입니

다. 새벽에 꿈에 또 친정어머님을 뵈었습니다. 여전히 옥색 한복을 고름 없이 입으시고 얼굴이 누렇게 떠 가지고 희므스름한 표정으로 누군가에게 부축을 받으며 크나큰 한옥 방문을 열고 들어오셨습니다. 하도 반가워서 "아이구 어머니, 어쩐 일이세요?" 하고 "빨리 들어오세요."라고 했더니 어머님 말씀이 "나 삼풍백화점 지하에 있다가 나오는 길이다."라고 말씀하시는데 기운 없는 표정이셨습니다.

그때 갑자기 제 뒤에서 4년 전에 돌아가신 친정아버님이 큰 소리로 어머님한테 "내가 얼마나 당신을 기다렸는데 이제야 오느냐."며 두 분이 얼싸안고 몸부림치며 반가워하셨습니다. 깜짝 놀라 깨어 보니 꿈이었어요.

또 잠깐 잠이 들었는데 여전히 옷고름 없는 옥색 한복을 입으시고 어느 대문 안으로 들어오시는 것이었습니다. 어머님은 살아 생전에 가슴이 답답한 증세로 고통을 많이 받으셨습니다. 그래서 옷고름을 매지 않으셨는가 하는 생각이 듭니다. 반가워 쫓아가 맞으며 남들한테 창피하기에

"어머님, 전에 차시던 브로치 어떻게 하시고 이렇게 다니셔요?" 하고 여쭈니 "얘야, 암만 찾아도 보이지 않더라." 하시며 쑥스러워 하시는 것이었습니다.

아귀 지옥에서 나오셨지만 아직도 답답한 가슴을 여미지 못하시는 것 같아서 저는 약사여래부처님께 기도를 드렸습니다. 어머님이 완전히 나오시기를…… 또한 지장보살님전에 어머님을 위하여 금브로치를 올려드렸습니다. 저의 어머님께서 이제 답답한 가슴이 다 나으시고 금브로치를 가슴에 달고 나오시기를 기대하며 말입니다.

백중 기도 입재(入齋 : 시작)하던 날부터 회향하는(마치는) 백중날까지 매일 지장경을 독송하는데 3일 후 꿈에 또 어머님을 뵈었습니다. 제가 약봉지를 죽 늘어놓고 앞에 앉아 있는데 어머님께서 그 가운데 한 봉지를 제 입에 털어 넣어 주셔서 먹었습니다. 돌아가신 분이 주신 약을 먹었어도 기분은 좋았습니다. 그 당시 제 얼굴은 가끔 경련이 있었습니다. 제가 25살 때 새댁 시절에 안면 신경마비로 아파서 모든 살림을 다 폐하고 두 달 동안 누워 있을 때, 어머님께서 집안 살림을 다 해 주시며 병시중을 해 주신 적이 있습니다. 다행히 나았지만 나이가 먹고 기력이 없으니 또 그 증세가 나타나 안면이 실룩거려 마음속으로 걱정이 태산 같았지요. 그런데 며칠 후에 보니 그 증세가 없어졌습니다. 누구의 뜻인지 저도 모르지만 참으로 신기했어요.

7월 보름 백중 기도 회향날 어머님께 옥색 한복과 속옷 신발까지 세트로 해 드리고 지장보살님께 정근을 할 때 한없이 눈물이 나왔습니다. 신도님들한테 창피할 정도로 크게 소리치며 울었습니다. "지장보살님! 다시는 아귀 세계에 가지 않게 해 주세요."라고 애원하고 울며 기도를 하였습니다. 제 주변으로는 그런 기도는 할 줄 모르는데 어떻게 하였는지 모르겠습니다.

"많은 자식들을 기르다 보니 업을 지었습니다. 용서하여 주시옵소서." 하며 실컷 울며 호소하였습니다. 그리고 나니 기분이 후련해졌습니다. 제 입으로 하였지만 제 생각으로는 이해하기가 어려워 스님께 말씀드렸습니다. 제 생각으로는 어머님께서 해탈하신 줄로 믿습니다. 앞으로도 어머님을 위해서 열심히 기도하고 많은 선망(先亡 : 먼저 돌아가신) 조상님과 우주의 유주 무주 고혼들을 위하여 열심히 기도할 것입니다.

자비로우신 부처님, 지장보살님, 제불보살님들, 스님들께 감사드립니다. 지장보살님께서 서원을 세우실 때에 하신 말씀을 생각합니다.

'지옥이 텅 비지 아니하면 결코 성불하지 않으리라. 중생이 다 성불하지 아니하면 결코 보리(깨달음)를 이루지 않으리라." (地獄未空誓不成佛 衆生度盡方證菩提)

나무 석가모니불, 나무 약사여래불, 나무 아미타불.

(안심정사, 〈안심법문〉)

조상 천도를 하고 간경화증이 낫다

충청남도 연기군 서면 국촌리에 거주하는 갑자생 유 씨와 그의 부인 김백연화 보살은 95세의 노부모를 모시며 농사를 짓고 사는 가정이다.

김백연화 보살은 어릴 적에 일찍 부모님을 여의고 고아가 되어 친척 어른들 주선으로 서울 어느 사찰에서 부처님을 시봉하며 살았다. 그러던 중 우연한 인연으로 유 씨와 1977년에 결혼하게 되었다. 김백연화 보살은 이후에도 절에 다니며 불심이 남달리 돈독했다.

김 보살은 몸에 익숙하지 않은 농촌 살림, 향당의 풍속, 노부모님께의 효성, 모두가 새롭고 낯설었지만 노력하며 살았다. 그러다 번뇌가 일어나면 스님을 찾아가 말씀드리기도 했다.

"과거에 부처님 시봉을 하며 절에서 사는 것보다 결혼하는 게 자신에게 맞을 것 같았는데 이제

와서 생각하니 다시 입산하는 길이 옳을 듯합니다."

이렇게 말씀드리니 스님께서는,

"부부는 전세(前世) 팔천 겁(劫)의 인연이라야만 부부가 되는 것이요, 지금 유 씨와도 마찬가지입니다. 그러므로 모든 고난과 재앙을 스스로 원망하지 말고 무진법문(無盡法門)을 들어가며 지내면 또 번뇌 망상이 일어나다가도 없어지니 참고 사십시오." 하며 용기를 주셨다.

그런 뒤 스님께 의지해서 설법을 들어서인지 생활 의지가 몸에 익숙한 농촌 부인이 되었다. 그러나 1984년 봄, 생활에 너무 애쓴 탓인지 우연히 병이 나서 대전 ○○병원에 가서 진찰을 받은 결과, 간경화증이 악화되어 생명을 구하기는 참으로 어렵다고 했다. 보호자들은 뒤로 가서 수군수군하며 보는 눈빛이 모두가 참혹한 정상에서 보아주더라고 했다.

○○대학병원에 가서 다시 진찰하니 그곳에서도 똑같은 진단이 나와, 집안 식구들은 하는 수 없이 집에서 탕약을 쓴다는 이유로 돌아오고 말

았다.

김백연화 보살이 생각하여 보니, '남과 같은 세상에서 남과 같이 못 살고 고통 속에서 눈물로 지내며 한때는 인간 외의 인간이 되었고, 집념으로 살고자 노력했는데 그것도 뜻대로 되지 못하는 인생 세상살이가 다 허망하다. 인과도 허망하고 공로도 허망하고 알고 보고 듣고 믿음도 다 허망하다. 자신이 가야 할 길은 이제 저승길밖에 없구나.' 하고 자포자기했다.

그런데 조치원읍에 사는 만동서 진 보살이 근심 걱정하던 차에, 병이란 병원에만 의존하고 있는 것은 불자로서 그릇된 일이라 생각하고 만사를 제쳐놓고 스님을 찾아뵙고 사실을 말씀드리며 "어떠한 방법이라도 스님의 노력으로 구생할 것 같으면 구명해 주십시오." 하자, 스님께서는 허허 웃으시며 이렇게 말씀하셨다.

"김 보살님은 안 죽습니다. 아직도 업이 다하지 않아서 병을 얻은 것입니다. 삼세의 인과며 선조상님의 산발이며 시댁의 조상님이 안과하지 못하여 그런 병고가 났습니다."

그리하여 진 보살은 조상 천도할 준비를 하여 가지고 와서 지극 정성으로 기도하고, 스님은 그 생명을 살리고자 하는 자비심으로 천도재를 올리며 독경 염불을 해 주셨다. 그랬더니 삼일 만에 환자가 된밥을 먹고 한 달 만에 모든 병이 다 쾌차하여 전일보다 더 농사일도 잘하고 노부모님께 효성이 지극하여 인근에서 다 알아주고 있다.

(월현사 포교원, 〈영험의 진리〉)

광명진언을 외우며 올린 천도 기도

밝은 마음을 안겨 주신 부처님

"보살님은 왜 그렇게 항상 활달하고 웃는 얼굴이세요? 행복이 가득하신가 봐요."

사람들은 나만 보면 이렇게 기분 좋은 말을 건네곤 한다. 어떤 분은 나에게 나이에 비해 젊고 활달한 비결을 묻기도 한다. 그럴 때마다 나는 나에게 밝은 마음을 안겨 주신 부처님께 감사드린다.

몇 년 전만 해도 내 얼굴은 수심으로 가득했다. 결혼 후 30여 년 세월을 마음 고생하느라 어떻게 보냈는지 모른다. 스물여섯 꽃다운 나이에 남편과 중매 결혼하여 첫날 친정에서 지내고, 다음날 눈이 무릎까지 차게 쌓인 길을 뚫고 시댁에 도착하여 잠자리에 들려고 하는데 시숙님이 만

취한 채 집에 들어오시더니 남편을 때리며 소동을 벌이셨다.

오순도순 다복한 가정에서 자라온 나는 이런 광경에 너무나 놀라고 당황하여 나도 모르게 집을 빠져나와 이웃에서 밤을 샜다. 이튿날 시어머님께서 데리러 오시는데 미안해하시는 기색에 도리어 송구스럽기 짝이 없었다. 이렇게 시작한 나의 결혼생활은 시숙님과의 갈등으로 인하여 불안한 나날이 계속되었다.

시숙님은 방탕한 생활로 인하여 가정을 제대로 돌보지 못하고 결국은 직장마저 그만두신 채 우리 집으로 들어와 사시게 되었다. 시숙님의 계속되는 주벽과 폭언 때문에 나는 시숙님이 너무 무서워 살살 피하기만 했다. 뿐만 아니라 시숙님은 끊임없이 용돈을 요구하셨고 용돈이 적으면 동생에게 행패를 놓곤 했다. 월급쟁이 살림에 우리 부부는 시숙님의 요구에 응해 드리느라 패물까지 끌러 드려야 하는 형편이었다. 나중에는 얼마나 지쳤던지 시숙님을 피해 강원도 등지까지 피해 다니며 살았지만 석 달도 못 가서 어떻게든 찾아와 행패를 놓으시곤 했다.

큰애가 다섯 번이나 국민학교를 옮겨 다니는 등 생활이 말이 아니어서 마침내 우리는 '힘들더라도 그냥 부딪쳐 보자'는 식으로 광주에 다시 정착하였다. 시숙님은 극도의 소외감에서 그런지 우리 가정에 대하여 더욱 고통을 안겨 주었다. 부처님 같은 남편도 지칠 대로 지친 나머지 어느 날엔 시숙님과 심하게 다투다가 과도를 꺼내 놓고 시숙님께 "차라리 나랑 함께 죽읍시다." 하고 말했다. 순간 나는 소스라치게 놀라 과도를 빼앗았지만 이미 온 집안이 아수라장이 되어 버렸다.

그날, 나는 괴로운 마음을 잡을 길이 없어 온통 어질러진 방을 주섬주섬 치우고 절에 올라갔다. 아무도 없는 법당에 들어가 부처님께 절을 하는데 하염없이 눈물이 쏟아졌다. 울면서 기도를 하는데 얼마나 시간이 흘렀는지 모른다. 점심때가 지나 기도하는 분들이 몇몇 분 법당에 들어오시자, 그제야 나는 부끄러운 마음에 정신을 추스르고 법당을 나왔다.

절에서 나와 무등산을 내려오는데 내 마음에 언뜻 깨달음이 왔다.

'근본은 악하지 않은 시숙님이 이렇게 우리 가정에 고통을 주시는 것도 내 전생의 빚이 아닐까? 시숙님이 전생에 꾸어준 빚을 갚아 달라고 하는데 왜 내가 편한 마음으로 드리지 못했을까? 전생에 꾸어주신 걸 받아갈 때 내가 편한 마음으로 드리지 않으니 그렇게 나올 수밖에 없지.'

나는 집으로 돌아오는 길에 남광주 시장에 들러 시숙님이 좋아하시는 반찬거리를 사다가 정성껏 요리했다. 그날 저녁에도 시숙님은 남편과 저녁 내 다투고 당신 방으로 들어가 누워 계셨다. 나는 정중하게 시숙님 방을 노크하고 들어가 시숙님께 평소와는 달리 부드러운 목소리로 말했다.

"시숙님, 식사하세요."

그러자 시숙님은 당황하셔서 "예." 하고 벌떡 일어나 앉으셨다. 나는 옆에 앉아 식사를 권하며 물도 따라 드렸다. 시숙님은 전혀 예기치 않은 내 모습에 눈이 휘둥그레져 나를 쳐다보셨다.

전생 빚을 갚는 마음으로

그 뒤로 나는 최선을 다해 시숙님께 부드럽게 대하였고 전생 빚을 갚는다는 마음으로 흔쾌히 매월 생활비와 용돈을 드렸다. 십여 년 동안 굳어진 생활 습관 때문에 시숙님은 용돈을 며칠도 못 가 탕진하고 또 손을 벌리곤 하셨지만 나는 그러한 시숙님이 오히려 안쓰러워, 불편한 말이나 내색을 하지 않고 더욱 잘해 드렸다. 그렇게 무서워 피하던 시숙님께 말도 붙여 보고 불도(佛道)로 인도하기 위해 불자독송집도 사 드리고 절에서 불상 점안식 때 받아 온 오색 실을 수첩에 끼워 드리기도 했다. 그러면서 시숙님의 남은 여생이나마 남의 손가락질을 받지 않게 해 드려야겠다고 마음먹었다.

하지만 아무리 정성을 기울여도 변화가 없자, 나는 '아무래도 시숙님을 위해 기도가 부족한가 보다' 고 생각하고 어느 날부턴가 부뚜막에 정화수를 떠놓고 아침저녁으로 기도를 했다.

"시숙님이 근본은 나쁜 분이 아니니 하루 빨리 근본 마음을 찾아서 깨끗하고 충실하게 사시기를 기원합니다. 그리고 저에게서 용돈을 가져가 헛되게 쓰시지 않고 보람되게 쓰게 하여지이다."

이렇게 3년 정도 집에서나 절에서나 날마다 기도를 하니까 신기하게도 시숙님이 조금씩 달라지기 시작했다. 그렇게 포악했던 분이 섬섬 부드러워져 대화가 되기 시작했다. 시숙님은 점점 나를 세상에서 가장 소중한 사람으로 여기고 의지하게 되었다.

그러던 어느 날, 정말 기적 같은 일이 일어났다. 그 무렵 시숙님은 서울에서 새로 살림을 차리고 계셨는데, 어느 날 친구들과 함께 도봉산에 놀러가셨다가 돌아오는 길에 큰 트럭과 부딪치는 대형 사고를 당했다. 그런데 모두들 큰 중상을 입었는데 이상하게도 시숙님은 볼만 살짝 긁혔을 뿐 전혀 다치시지 않았다.

그 와중에도 시숙님은 '나 같이 못된 놈이 왜 이렇게 멀쩡할까?' 하는 의문이 들어 사주 보는 사람을 찾아가 물어 보셨다고 한다.

"당신을 위해 몇 년 동안 조석(朝夕)으로 지극 정성 기도를 한 사람이 있었기에 목숨을 건진 줄 아시오."

사주 보는 이의 말을 듣고 시숙님은 '나처럼 못된 놈 빨리 죽으라는 저주를 하면 했지 어느 누가 나를 위해 기도를 한단 말인가.' 하고 생각하셨다고 한다.

그 다음날이었던 모양이다. 새벽 4시 반쯤 되었는데 우리 집 초인종이 울렸다. '시숙님이 또 무슨 일일까?' 하고 가슴을 조이며 문을 열었더니, 시숙님께서 만취해서 들어오시는 여느 때와는 달리 맨 정신으로 들어오시며 나에게 말했다.

"제수씨, 나 좀 봅시다. 혹시 제수씨가 조석으로 나를 위해 기도하시오?"

그러시면서 어제 있었던 일들을 이야기하셨다. 나는 뜻밖의 말씀에 깜짝 놀라면서도 짐짓 말했다,

"그렇게 신통하게 맞히는 이도 있군요."

그 순간 시숙님의 눈빛이 확 달라졌다. 미안해

하는 눈빛, 뉘우치는 눈빛 바로 그것이었다. 시숙님은 나에게 고개를 숙이며 말씀하셨다.

"제수씨, 그 동안 나를 위해 기도까지 해 주셨다니 정말 고맙소. 이제부터는 자꾸 내려와 제수씨 귀찮게 하지 않겠소. 그리고 그 동안 제수씨 패물까지 없애 버려서 미안해요. 지금 하고 있는 일 열심히 해서 제수씨 패물이라도 꼭 사 드리리다."

그런 일이 있은 뒤로 시숙님은 사람이 완전히 달라지셨다. 도봉산 기슭에 움막을 치고 채소를 가꾸며 땀 흘려 사셨다. 그러면서 친지들과도 화합하기 시작했다. 그러나 안타깝게도 지병인 협심증이 악화되시더니 1994년 설을 바로 앞두고 그만 세상을 떠나셨다. 돌아가시기 바로 전날 밤에 우리 큰딸이 치과의사 시험에 합격했다고 축하 전화까지 주시며 생전 처음 따뜻한 인사를 하셨는데 너무나 안타까웠다. 나중에 들으니 그렇게 고통 받으시면서도 광주 동생과 제수씨에게 더 이상 신세 질 수 없다며 사흘 동안 약으로 견디시다가 악화되어 돌아가셨다는 것이었다.

힘들었던 천도재

우리 가족은 서울로 올라가 장례를 치르고 ㅂ사에서 인간문화재 스님들을 모시고 전통식으로 천도재를 지냈다. 그런데 이상하게 여느 천도재와는 달리 아주 긴 시간이 걸렸다. 천도재를 마치고 스님께서 나와 조카며느리를 부르더니 말씀하셨다.

"이 분의 이승 생활이 험난하고 문란해서 천도하는 데 애를 먹었습니다. 천도재를 하는 과정에서 관(觀)해 보니 몽둥이를 든 사자들이 영가를 얼마나 짓밟는지 참혹하기 짝이 없었습니다. 세 차례씩이나 관욕(灌浴 : 영가 목욕)을 되풀이하며 업장을 씻어 겨우 천도를 하였으니 불자님들도 앞으로 계속 광명진언을 외워 드리세요."

그 후로 나는 3년 동안 시숙님 영가를 위해 하루도 빠짐없이 광명진언을 외우며 정성껏 기도를 했다. 그러는 동안에 두 번이나 하얀 옷을 입은 시숙님의 깨끗한 모습을 꿈에 보았다. 시숙님께서 모든 업장을 소멸하고 극락왕생하셨음을 확신하게 되었다. 그래서 그런지 그 뒤로 시숙님 가정도 모든 일이 잘 풀렸다.

30여 년 간 인욕(忍辱)의 세월이었지만 나는 시숙님을 조금도 원망하지 않는다. 도리어 그런 고통으로 인하여 불법을 깨닫게 해 주시고 신심을 키워 주신 데 대하여 감사드린다. 그리고 그 고생 속에서도 탈 없이 잘 자란 아이들과 부처님 마음으로 가정을 보살펴 준 남편께도 감사드린다. 나에게는 모두가 부처님이시다. 늘 감사하는 삶이기에 어떤 고통도 더 이상 두렵지 않고 내 얼굴에는 밝은 웃음이 떠나지 않는다.

(한무등심 보살님 신행담)

조상 천도를 하고 나서 자식이 달라지다

1980년에 있었던 일이다. 조치원에 사는 최 씨 부인이 절에 찾아와서 자기 큰아들이 16살 되는 중학생인데 연령의 탓인지 우연히 부모 말을 거역하며 못된 친구를 사귀고 술도 마시며 돈을 쓰기 시작하는데, 거짓말로 돈을 타 쓰며 집의 물건을 내다 팔아 쓰고 남의 집 물건조차 훔쳐다 팔아 쓰는 버릇이 생겼다고 하는 것이었다.

그렇게 되니 집안이 불안하고 이웃도 불안하고 무슨 일만 나면 내 자식의 일만 같고 동네에서 불상사가 있으면 내 집부터 와서 논의하니, 실로 자식 둔 죄로 머리를 들 수 없는 형편이었다. 그래서 타이르고 나무라도 점점 더 심해만 갔다. 그 어머니는 '내가 어쩌다 이런 자식의 어머니가 되었나? 살 수가 없다.' 생각하며 죽기로 결심을 하였다.

그러나 다시 무슨 방도가 없나 생각을 하다가 스님한테 찾아와서 이러한 전후사를 소상히 논의하며 "좋은 방도가 없다면 저는 이 세상을 떠날까 합니다." 하였다. 주지 스님은 그 일은 너무 근심하지 않아도 좋다고 하시면서, 그런 일들은 전자에 집안에서 한을 맺고 의지하려고 하던 조상님들이 있는데, 그 조상은 가까운 친척인데 자손이 없어 재산을 가지고 들어와서 살다가 돌아가셨다고 하셨다.

그러한 여러 조상들에게 부처님 앞에서 천도법문을 잘 해주었더니 조상님들은 좋은 데로 잘 가시고, 그 아들은 며칠 후 부모님 앞에 엎드려 하는 말이,

"제가 왜 부모님께 이런 걱정을 끼쳤는지 모르겠습니다. 저도 제 마음으로 그런 것이 아니니 한 번만 용서해 주신다면 다시는 이런 일이 없도록 명심하겠습니다."하고 다짐하는 것이었다.

부모님들은 그 자리에서 서로 눈물을 흘리면서 사랑으로 타일렀더니 그 뒤로는 공부를 열심

히 하여 장학금을 타는 등 우등생으로 대학까지 졸업하고 아주 훌륭한 모범 청년이 되었다.

(월현사 포교원 〈영험의 진리〉)

떠도는 태아의 넋을 천도하다

ㄷ사의 태아령 천도기도에 동참한 광주의 한 보살님은 기도 접수한 날 밤에 꿈을 꾸었다.

극락전에 와서 기도를 모시는데 법당 밖에서 웅성거리는 소리가 났다. 뒤돌아보니 꾀죄죄한 아이들이 수없이 몰려들어서 배가 고프다고 아우성이었다. 때 묻은 손으로 불전에 올려진 과일과 떡을 가리키고 자기들 입을 가리키며 먹을 걸 달라고 애원하는 것이었다.

위패만 올리고 제물을 차려 주지 못한 것을 깨닫고 몇 사람이 떡과 우유, 과일 등을 준비해 와 관욕(영가 목욕)부터 시작하여 천도재를 정성스럽게 베풀어 주었다.

이튿날 새벽 예불을 모시는데 깨끗하고 말쑥해진 아기들이 한 줄로 서서 법당 쪽문으로 들어오는 것이 기도 중에 보였다. 그 신도가 애들을 보며 "웬 애들이 들어오지?" 하고 말하니, 애들이 돌아보며 손가락질 하면서 "우리 보고 애들이래. 자기들도 애들이면서……." 하고는 영단 위패로 사라졌다.

부산의 한 보살님은 여섯 번 중절 수술을 하고 난 뒤 늘 기운이 없고 건강이 좋지 않았다. ㄷ사에서 태아령 천도기도가 있다는 소식을 신문에서 보고 전화로 기도 접수를 하였다.

그날 밤 꿈속에 아기를 낳아 품에 안았는데 아기의 눈이 아닌 어른의 눈이 자기를 원망의 빛으로 노려보고 있었다. 젖을 꺼내어 먹으라고 했더니 갓난아기가 입을 열어 또렷한 발음으로, "업장(業障)이 많은 여자의 젖은 먹지 않겠다."고 하였다.

꿈에서 깨어나 보니 식은땀이 흐르고 계속 그 원망스런 눈빛이 자기를 지켜보는 것 같아 절에 와서 3일 기도를 하였다.

기도를 마치고 잠을 자는데 꿈속에 본 아기가 연못가에서 놀고 있었다. 아기 손을 덥석 잡으며, "여기 있었구나. 어서 집으로 가자." 하고 말하니, 아기가 엄마 손을 뿌리치며 "나는 법당에 가서 스님 법문 들어야 돼요." 하고는 종종걸음으로 법당으로 향하였다. 그런 일이 있고 나서 그 보살님은 몸이 놀랍게 가벼워졌고, 지장보살 전에 눈물의 기도를 하고 돌아갔다.

(대원사, 〈떠도는 어린 넋들을 위하여〉)

구병시식을 하고 이름 모를 병이 낫다

충남 연기군 남면에 사는 송 씨 부인은 우연히 이름 모를 병이 나서 백약(百藥)이 무효라 병원 치료도 별 효험이 없어 가정에서 신음 중 하루는 맏동서가 문병 차 와서 하는 말이, "이 고생 하지 말고 내가 알고 있는 절이 있는데, 한번 가 보자."고 하여 내외분을 데리고 와서 스님께 문의했더니 스님께서는,

"아무 걱정 마세요. 좋은 일이 있으려고 보배병을 얻은 것입니다. 만나기 어려운 불법(佛法)을 이제는 만났으니 곧 쾌차할 것입니다."라고 하며 구병시식(救病施食)을 해 주고 한 달만 수양하면 모든 병이 나을 것이라고 하셨다. 말씀대로 행하니 5~6일이 지나 된밥을 먹기 시작하였고, 20여 일만에 완쾌가 되어 집으로 돌아갔다.

동네 사람들이 모두 참 신기한 일이라 하며 찬탄을 아끼지 않았다. 지금은 건강한 몸으로 동네 사람들도 함께 깊은 신앙으로 삼보전에 귀의하여 수행하고 있다.

(월현사 포교원, 〈영험의 진리〉)

검은 옷을 입은 사람이 떠나가다

ㄱ사와는 93년 음력 사월 초파일부터 인연을 맺었다. 내가 소속되어 있는 불교청년회에서는 매년 초파일날이 되면 부서별로 인원을 나누어 일손이 부족한 사찰을 찾아가서 봉사를 한다. 그 해엔 우리 부서에서 ㄱ사를 돕기로 하였기 때문에 나는 다른 회원들과 함께 그 절에 갔다. 아침엔 신도님들을 안내하고 저녁에는 점등하는 것을 도와드렸다

일이 거의 마무리되어 집에 오려고 하는데 법사님께서 우리들에게 자주 들르라고 하셨다. 그렇게 해서 난 마음이 착잡하고 울적할 때마다 절에 가서 부처님께 절을 하고 법사님과 보살님에게 나의 마음을 털어놓곤 했다.

그러던 어느 날, 평소에 알고 지내는 법우님이 나의 모습이 항상 병색이 깃들인 것처럼 보인다

며 어디 아프냐고 물었다. 나는 약간 그렇다고 대답을 했다. 그랬더니 영가 천도를 봉행하는 것이 좋겠다는 말을 해 주었다. 그래서 절에 들러 법사님께 상의를 드렸다. 법사님은 나에게 불의의 사고로 죽거나 일찍 돌아가신 분들이 있으면 그분들을 위해 지장경을 독송해 드리면 좋다고 말씀하셨다.

아버지께서는 내가 고등학교 1학년 때인 39세에 불의의 사고로 돌아가셨다. 아버지는 고깃배를 타셨는데 새벽에 일찍 일어나 나가시면 저녁 늦게 돌아오셨다. 9년이 지났지만 언제나 아버지의 싱글벙글 웃으시는 모습이 기억난다. 지금 생각하니, 우리들에게 힘들다는 것을 감추기 위해서 항상 웃으셨던 것 같다. 사고는 갑자기 일어났다. 뉴스에서는 날씨가 흐리다고만 했는데 갑자기 태풍이 몰아쳤다. 배에 타신 다섯 사람 중에 아버지만 물에 빠져 돌아가셨다. 우린 얼마나 울었는지 모른다.

아버지가 돌아가신 3년 뒤에는 할아버지가 돌아가셨다. 그런데 어느 날 갑자기 내 몸이 내가 아닌 것처럼 느껴졌다. 모든 것이 싫었고 식욕도 없고 옆사람들이 나를 가만히 놔두지 않는 것 같았다. 몸은 언제나 불편했고 위장병으로 병원에 가서 치료를 받기도 했다. 그런 뒤 나는 광주로 와서 직장에 다녔다.

나는 평소에 누군가 나를 죽이려고 쫓아오는 무서운 꿈을 많이 꾸었다. 그래서 깨어 있을 때도 꼭 누가 나를 지켜보고 있는 것 같아 두려움을 느껴 마음이 무겁고 소화도 잘 안 되며 피로도 많이 느꼈다. 그런데 무엇인가를 해 보려는 욕심은 많아 몸은 더욱 피로를 느꼈다. 그리고 사람들의 사소한 한마디 말에도 상처를 많이 받아 신경질적인 반응을 보이고, 내 쪽에서 먼저 방어 자세를 취하는 바람에 회사 동료들과의 관계도 원만하지 못했다. 그러니 평소에 나의 모습이 다른 사람에게 밝게 보이지 않는 것도 당연했다. 그리고 작은어머니도 젊은 나이에 암으로 돌아가셨다. 작은어머니는 어려서부터 몸이 허약하셨는데 고생하시다가 생활이 좀 나아지니까 중병에 걸렸던 것이다. 작은어머니네 형제분도

젊어서 암으로 돌아가셨다고 했다. 작은어머니는 돌아가시기 전에 어머니께 “사람은 즐기면서 살아야 한다.”라는 말씀을 하셨고, 돌아가시던 날 밤에 할머니께는, “어머니, 저기 시커먼 옷을 입은 사람이 나를 잡으러 옵니다. 어서 저 사람들을 오지 못하게 하세요. 전 가기 싫어요.”라는 말씀을 하셨다고 한다.

또 오빠는 심장병으로 고생을 많이 해 왔다. 갓 태어났을 때 이불 위가 아닌 맨 방바닥에 눕혀져 있었고 어머니는 오빠의 옆에서 잠들어 계셨다. 할머니께서 아궁이에 불을 지피셨는데 방이 뜨거워지자 오빤 뜨겁다고 울었으나 할머니는 방안에 어머니가 있기에 신경도 안 쓰고 불을 계속 지피셨다고 한다. 그 일로 인해 오빠는 뜨거운 열이 심장에 박혀서 지금까지 고생하고 계신다.

돌아가신 분들과 오빠의 심장병 이야기를 하니, 법사님께서는 우선 지장경을 49번 읽으라고 하셨다. 그리고 기도를 드릴 때 항상 영가님에게 극락왕생하시라고 하면서 기도를 드리라고 하셨다.

그날부터 영가님들에게 '갈 길을 못 가셨으면 얼른 극락왕생하시고, 나쁜 곳에서 고생하고 계시면 좋은 곳에 태어나세요.' 라고 하면서 지장경을 독송했다. 매일 한 번씩 지장경을 읽었다. 처음 지장경을 읽으니 하염없이 눈물이 나왔다. 하루에 한 번씩 지장경을 독송한다는 것이 쉽지는 않았지만 불행하게 인생을 마감한 분들의 극락왕생을 위해 직장에서나 집에서나 틈이 날 때마다 읽었다.

49일째 되는 날 꿈을 꾸었다. 누더기 옷을 걸친 스님 한 분이 나타나셔서 나의 등을 두드리며, "기특하다."라는 말을 남기고 가셨다.

그 다음날은 어떤 할아버지가 맑은 물이 흐르는 냇가에서 왔다갔다하시면서 "밥은 먹을 수 있되, 쌀은 먹을 수 없다."라는 말을 하셨다. 나는 그곳을 지나가다가 그 할아버지의 말씀을 듣고, "쌀을 씻어서 불에 끓이면 먹을 수 있는 게 아닙니까?"라는 말을 했다. 할아버지는 "그게 아니니라."라는 말만 되풀이하셨다. 지금 생각하니 내가 너무 욕심이 많아 처음부터 많은 것을 원하니 차근차근 공부하라는 가르침인 것 같았다. 아마 그 할아버지는 지장보살님의 화신이 아니었나 싶다.

그리고 나서 나는 아버님과 작은어머니, 그리고 나와 인연 있는 영가들을 위해 정성껏 부처님께 공양을 올렸다.

천도재가 끝난 뒤에 나는 오빠의 건강 회복과 나의 괴로움이 소멸되기를 바라면서 지장경 100독(讀)을 성취하였고, 지장경 100독을 끝내는 날 밤에 꿈을 꿨다. 검은 옷을 입은 사람이 내 주위를 빙빙 돌다가 떠나갔다.

그 뒤부터는 잠도 잘 자고 몸도 마음도 가벼워지고 신경질적인 성격도 많이 없어졌고 회사 동료들과의 관계도 매우 원만해졌다. 또한 오빠의 건강도 많이 좋아졌다. 오빠는 아직 수술을 한 번 더 받아야 하므로 앞으로도 계속 지장경을 읽을 생각이다.

나는 지장경을 독송함으로써 부처님에 대한 믿음이 더욱 더 깊어졌고, 나도 부처님과 같은 깨달음을 얻어야겠다는 발원도 하였으며, 다른 사람들에게도 부처님의 가르침을 잘 전해 주어 그들도 나와 같은 기쁨을 맛보게 하고 싶은 생각을 갖게 되었다.

(〈업설 지장경〉, 광륵사 영험담 중에서)

관음기도와 법화경 법회로 어머니를 천도한 효자

1926년 충북 논산에서 있었던 일이다. 논산군 채당면 중리의 박용구 씨는 평소에 이머니께 효성이 지극한 사람으로서 어머니가 살아 계실 때에도 늙어가는 어머니 얼굴을 쳐다보고, 가실 날이 가까워짐을 몹시 슬퍼하면서 조석(朝夕) 진지에도 정성을 다하여서 어머니를 잘 받들어 모셨다.

그러다가 어머니가 세상을 떠나시게 되었다. 어머니가 살아 계실 때는 마음 편하게 모시려고 정성을 바쳐 왔지만 이 세상을 떠나시고 나니, 어머니가 불행히도 좋은 데로 못 가시지나 않았는지 어머니의 뒷길이 궁금하여 돌아가신 어머니 영혼을 편안하게 해드려야겠다고 생각하고 어머니를 위하여 1926년 봄에 관촉사에 가서 삼칠일 동안 관음기도를 올렸다. 그랬더니 회향날인 3월 6일 밤에 관촉사 관세음보살(흔히 은진미륵이라고 알려져 있는 불상)의 이마에서 오색영롱한 광명이 나와 박 씨 집까지 비쳤다. 그래서 인근 사람들이 보고 찬탄하였고, 박용구 씨도 환희하여 신심이 더욱 더 굳세어졌다.

그리하여 그 해 12월에는 이지광 스님을 청하여 관촉사에서 법화 산림 법회를 열었다. 법회를 마친 날 밤 비몽사몽간에 박 씨의 어머니가 나타나더니 아들에게 이렇게 현몽하였다.

"네가 부처님께 기도를 올리고 법화경을 설해준 공덕을 입어 나는 고통에서 벗어나 극락세계에 가게 되었으니 안심해라."

박 씨는 이러한 현몽을 얻고 나서 돌아가신 어머니가 불보살님의 가호를 입었다고 기뻐하였다.

(〈佛敎〉지에서)

법화경을 사경하여 아버지를 천도하다

1930년대에 범어사에 계셨던 정진(正眞) 스님이 실제로 겪었던 일이다. 정진 스님은 일찍이 부모님을 여의고 산에 들어가 스님이 된 지 10년이 되던 해인 1931년 5월 28일 밤에 꿈을 꾸었다.

꿈에 한 노스님이 와서 놀러가자고 하기에 따라갔더니 한눈 파는 사이에 노스님은 사라져 버리고 말았다. 그런데 그곳은 사람의 발자취가 끊어진 바다 가운데 외로운 섬이었다. 이 외로운 섬에 혼자서 있는데 초라한 옷차림을 한 웬 노인이 나타나 정진 스님에게 어디 사는 누구냐고 물었다. 이렇게 꼬치꼬치 묻더니 갑자기 한숨을 푹 쉬며 말했다.

"네가 바로 내 아들이로구나. 너를 못 본 지 여

러 해가 되었으나 이승과 저승이 달라서 만날 길이 없더니 오늘 여기서 너를 만나 이런 다행한 일이 없구나."

이렇게 말하고 나서 그 사람은 통곡을 하였다. 그러나 정진 스님은 그 아버지라는 사람의 음성이 생시의 음성과 달라서 생시에 하던 일과 별세한 날짜 등을 물어 보았다. 그랬더니 딱 들어맞아 그제서야 "아버지!" 하고 통곡을 하였다.

그러자 아버지가 위로하면서 말했다.

"선악의 업보는 자기가 지어 자기가 받는 것이니 한탄하고 원망할 것도 없다. 울지 마라. 여기는 염부제 동쪽에 있는 요사지옥(뱀이 휘감는 지옥)이다. 내가 여기에 들어와서 무수한 뱀들에게 시달려 고통이 말할 수가 없구나. 너희 종숙(宗叔) 동네의 박문택도 같이 여기에 있다. 그러나 내가 처음 왔을 때 이 지옥에서 벗어나 천상에 난다는 사람이 꼭 하나 있었고 그 뒤에는 한 사람도 없다. 천상에 난 사람은 중국 소주 땅에서 관리로 있던 정익수란 사람인데, 그 아들 태을이가 법화경을 천 번 외어 천도 기도를 드린 공덕으로 고통에서 벗어나 천상에 태어나게 되었다더라. 그러니 너도 나를 위해 법화경 한 질을 베껴 쓰고 독송하여 이 고통에서 벗어나게 해 주라."

정진 스님의 아버지는 이렇게 간절히 부탁하고 홀연히 사라져 버렸다.

꿈을 깨고 나서 정진 스님이 어머니를 찾아가 꿈 이야기를 하니 이머니도 슬퍼하며 법화경 사경에 필요한 시주에 협력하였다. 그래서 정진 스님은 법공양할 준비를 하여 가지고 글씨 잘 쓰기로 이름난 승주 선암사 경운(擎雲) 대종사께 찾아가 법화경 사경을 부탁드리고 법화경을 부지런히 독송하였다.

그런데 검은 비단에 금니로 글씨를 쓰는 데는 족제비 꼬리털로 붓을 만들어 써야만 잘 써지는 법인데, 경운 스님은 족제비를 구할 길이 없어 애를 태우고 있었다. 그러던 어느 날 난데없이 커다란 족제비 한 마리가 스님 방에 뛰어들어 사람을 보고도 달아날 생각도 하지 않고 가만히 엎드려 있었다. 경운 스님이 가만히 시자를 시켜 그 족제비 꼬리털을 잘라내니 그제서야 족제비는 어디론가 가 버렸다. 그리하여 그 족제비 꼬리털로 맨 붓으로 금자 법화경 한 질을 원만히 조성하였다.

회향재(廻向齋)를 올리던 날 밤, 정진 스님의 꿈에 아버지가 나타나 환한 웃음을 지으며 이렇게 현몽하였다.

"네가 법화경을 베껴 쓰고 독송하며 천도재를 올려 준 공덕으로 천상으로 올라간다."

그 뒤로 정진 스님은 늘 법화경을 독송하고 강의하였다.

(〈佛敎〉지에서)

통도사 남봉 스님의 부모 천도

1856년 경남 양산 통도사에서 있었던 일이다. 그 당시 통도사에 남봉 화상이라는 스님이 있었다.

남봉 스님은 어려서 부모님을 여의고 떠돌아 다니며 밥을 빌어먹다가 어느 해 섣달 그믐날 통도사에 이르러 절의 머슴들이 사는 방에서 하룻밤을 묵게 되었다.

그때 이 아이는 얻은 밥을 가지고 헛간으로 들어갔다. 어떤 스님이 이것을 보고 이상하다 싶어 가만히 가서 엿보았더니, 아이는 한편 구석에 밥상을 놓고 이렇게 말하며 절하는 것이었다.

"아버지 어머니, 오늘이 1년 중 대명절로 해가 바뀌는 날인데 불효한 이 자식이 가난하여 아직 구걸하는 생활을 하고 있어 선영(先塋)에 봉사(奉祀)를 못 드리고 있습니다. 그러니 잘 헤아려

주시고 제가 얻은 밥이나마 잘 응감하소서."

이것을 보고 스님은 감동이 되어 '아 참 기특한 놈이다. 사람이 되겠다.' 생각하고 나중에 아이를 불러 전후 사실을 묻고 나서,

"얘, 그러고 다니지 말고 내 상좌가 되어라."

그리하여 아이를 상좌로 삼아 글도 가르치고 잘 보살펴 주었다. 나중에 아이는 남봉 화상이라는 훌륭한 스님이 되었다.

그런데 남봉 스님은 부모님을 모셔 보지 못한 것이 한이 되었다. 그래서 돌아가신 부모의 영혼이라도 편안하시기를 기원하여 통도사 상노전에서 일심 전력으로 축원을 올리고 부모의 천도를 위해 법화경을 정성껏 쓰기 시작했다.

그런 지 몇 달 만에 법화경을 다 쓰고 나서 회향 불공을 올렸다. 그날 밤, 남봉 스님의 꿈에 부모님이 나타나 기쁜 빛으로 말하였다.

"네가 법화경을 쓴 공덕으로 우리가 모두 극락으로 왕생한다. 우리 자취를 알려거든 언양군 삼동골 네 누이 집에 가서 보면 알 것이다."

스님은 꿈을 깨고 나서 그 이튿날 삼동골 누이

집에 가 보았다. 과연 누이 집에서 먹이던 소가 어젯밤에 죽었고 그 이웃집에서도 암소 한 마리가 죽어 버렸다는 것이었다. 그래서 스님은 그 소들이 자기 부모의 후신이었음을 알고 소 무덤에 제사를 모셨다고 한다.

(〈佛教〉 지에서)

영원 스님의 스승 천도

강원도 금강산에 영원암이라는 절이 있었는데, 이 절은 옛날 영원조사(靈源祖師)라는 스님이 수도하셨던 곳이다.

영원조사는 경주 사람으로 속성은 김 씨인데, 어려서 동래 범어사로 명학 스님을 찾아가 머리를 깎고 스님이 되었다. 그런데 명학 스님은 절의 논밭을 관리하는 소임을 맡아 보고 있었는데 해마다 천 석을 거두어들였다. 그렇게 부를 축적하여 마침내 돈을 주고 동지라는 벼슬을 사서 행세하게 되었고, 절 안에서도 2백여 명의 권속(眷屬)을 거느리며 세력을 떨쳤다.

그러나 명학 스님의 상좌인 영원 스님은 은사스님이 축재(蓄財)하는 것에 실망하고 '중이 되었으니 부처님 가르침의 근본 뜻을 알아야겠다.' 고 결심하고 발심한 뒤, 범어사를 떠나 덕이

높은 선지식(善知識 : 스승)들을 참배하며 마음을 밝히는 수행에 정진하였다.

그러던 중 금강산에 들어가 수도를 하게 되었다. 하루는 고요히 선정(禪定)에 들어 있는데 금강산 남혈봉 밑에서 죄인 다스리는 소리가 천지를 뒤흔드는 듯하였다. 영원 스님이 선정 속에서 가만히 살펴보니 시왕봉 아래서 염라대왕이 자기 은사인 범어사 명학 스님을 잡아다가 문초하고 있었다.

명학 스님이 죄가 없다고 주장하자 염라대왕은 호통을 치며 죄를 조목조목 따졌다. 스님이 되어 수행은 하지 않고 재물 쌓는 일에만 빠졌고, 절에서 남은 이익을 가로챘으며, 여색을 탐하였다는 것이었다. 명학 스님이 그래도 승복하지 않자 염라대왕은 업경대(業鏡臺)를 가져오게 하여 명학 스님이 생전에 지은 죄업을 낱낱이 보여 주었다. 그리고는 마침내 명학 스님에게 구렁이의 과보를 받으라고 하면서 금강산 업경대 아래 금사굴에 가두었다.

영원 스님은 선정(禪定)에 들어 가만히 생각해

보았다.

'우리 스님이 평생 동안 수행은 하시지 않고 돈과 곡식만 탐하시더니 죄업이 무거워 저런 죄보를 받으시는구나.'

그 뒤로 영원 스님은 매일 세 번씩 금사굴 앞에 가서 눈물을 흘리며 진언(眞言)을 외어 드렸다. 그러자 진언의 위신력으로 풀려났던지 하루는 금사굴의 구렁이가 홀연히 사라져 버리고 없었다. 영원 스님이 다시 선정에 들어 살펴보니 명학 스님은 아직도 다 떨쳐버리지 못한 탐욕의 업력으로 구렁이의 몸을 가지고 범어사 창고 가운데 누워 있었다.

그것을 보고 영원 스님은 속으로 생각하였다.

'아, 불쌍하다. 우리 스님을 어서 구제해 드려야겠다.'

그리고는 사십구재 날을 짚어 범어사로 내려갔더니 수많은 상좌 스님들과 여러 절의 스님들이 모여 있었다. 다른 상좌 스님들은 영원 스님을 보더니 빈정댔다.

"스님 생전에는 시봉하기 싫어서 공부합네 하

고 나가더니 어디서 스님 돌아가신 줄은 알았는지 논마지기나 타러 온 모양이군.”

영원 스님은 그러한 말에 개의치 않고 사십구재를 마치고 나서 죽을 끓인 뒤 죽그릇을 손수 들고 가서 창고 문을 열어 보았다. 그러자 커다란 구렁이가 볏섬 사이에서 머리를 끄덕이고 있었다. 영원 스님은 구렁이에게 말하였다.

“스님, 스님이 생전에 재물에 탐욕만 부리며 사람들에게 덕을 베푸시지 않고 인과를 믿지 않아서 이런 과보를 받으셨습니다. 이 법다운 음식을 받으시고 속히 해탈하십시오.”

그러자 구렁이는 이 말을 듣고 몸을 움직여 일주문 밖으로 기어나가더니 머리를 층계 돌에 세 번 부딪치고 그만 죽어 버렸다.

그래서 영원 스님은 그 영혼을 인도하여 금강산으로 돌아왔다. 그런데 오는 길에 그 구렁이의 영혼은 짐승들이 교미하는 것만 보면 그리로 들어가려고 하였다. 영원스님은 겨우 겨우 그것을 말리며 구렁이의 영혼을 이끌고서 강원도 삼척 고을에 이르렀다. 그날 밤 영혼은 홀연히 시골

아낙네 전 씨의 태중으로 들어갔다.

그 이튿날 영원 스님은 전 씨 부인을 찾아가 말하였다.

"이제 열 달 후에 반드시 귀한 자식을 낳을 터이니 일곱 살이 되거든 나에게 맡겨 도를 닦게 하시오. 그때 내가 다시 와서 데려가겠소."

그리고는 금강산 영원암으로 돌아와 도를 닦았다. 영원 스님은 그 후 7년 되는 해에 약속대로 삼척 고을의 그 집을 찾아가서 아이를 데리고 영원암으로 돌아와 공부를 시켰다. 그러나 워낙 업력이 두터워 좀처럼 깨닫지 못하자, 영원 스님은 아이를 뒷방에 가두어 두고 바늘로 문구멍 하나를 뚫어 놓고 말했다.

"이 구멍으로 큰 소가 들어와 네 목숨을 해칠 것이니 그 소가 들어오나 안 오나 열심히 바라보고 있어라. 그래서 소가 오거든 못 들어오게 막아야 한다."

그랬더니 그 소리를 믿고 아이는 소가 들어오나 안 오나 열심히 바라보았다. 그런 지 일곱 해가 되던 어느 날, 아이가 큰 소리로 외쳤다.

"스님, 스님! 창 밖에서 큰 소가 창구멍으로 들어오려고 해요."

그러자 영원 스님은 아이가 깨달을 인연이 무르익어 감을 알고 아이에게 말했다.

"오냐, 가만히 앉아서 소가 못 들어오게 잘 지켜라."

아이는 더 열심히 창구멍을 지켜보는데 그 후 7일 만에 소가 구멍으로 들어오는 것을 보고 "앗!" 하며 크게 깨쳤다. 아이가 깨치고 보니 고마운 전생의 상좌 덕분에 도를 깨친 것이었다. 이렇게 뒷방에서 깨쳤다 하여 '후원조사'라는 말이 있게 되었다.

(〈佛敎〉지 참고)

나옹 스님의 어머니 천도

나옹(懶翁) 스님은 고려 말의 큰스님이다.

나옹 스님은 스무 살 때 절친한 친구가 갑자기 병으로 죽자, 생사의 문제를 고민하시다가 마침내 공덕산의 요연 스님을 찾아가 출가하셨다.

나옹 스님은 1344년 양주 회암사에서 용맹 정진을 하여 깨달음을 얻으신 뒤 1347년, 법을 구하러 중국에 건너가셨다. 중국에서 인도 스님 지공 화상을 만나 지도를 받으신 뒤 다시 평산 선사로부터 법을 전해 받으셨다.

중국에서 돌아와 제자들을 가르치며 열심히 수행하고 계시던 중 나옹 스님은 어느 날 어머니가 돌아가셨다는 소식을 들었다.

그날 밤, 나옹 스님은 선정(禪定)에 들어 어머니가 어디로 가셨는지 관(觀)하셨다. 그러자 스님의 어머니 정씨 부인은 뜻밖에도 중음신으로 떠돌고 있었다. 스님은 그 동안 어머니에 대하여 무관심해 온 자신을 참회하는 마음으로 어머니를 천도하기로 결심하셨다.

나옹 스님은 영월암 법당 뒤 설봉산 기슭 큰 바위의 마애(磨崖) 지장보살님 앞에서 어머니 천도재를 지내셨다. 지장보살님의 명호를 부르며 어머니의 극락왕생을 간절히 기원하셨다.

49일째 되던 날, 나옹 스님은 철야정진을 하셨다. 그런데 아직 동이 트기 전, 스님은 지장보살님의 온몸에서 환한 금빛이 나는 것을 보셨다.

스님은 깜짝 놀라 지장보살님을 올려다보셨다. 지장보살님의 눈에서 눈물이 흐르고 있었다. 지옥에 빠져 고통 받는 중생들이 가없어 지옥 문전에서 눈물이 마를 새가 없다는 지장보살님의 눈물이었다.

나옹 스님은 그것을 보고 어머니의 극락왕생을 더욱더 간절히 기원하셨다. 49재를 마친 나옹 스님은 선정에 들어 어머니가 어디 계시는지 다시 관하셨다. 스님의 어머니는 이미 극락세계에 가 계셨다. 나옹 스님은 지장보살님께 감사의 예배를 드렸다.

(경기도 이천 영월암의 지장보살 영험담)

저승에 다녀온 선률 스님의 저승 여인 천도

신라 때 망덕사(望德寺)의 선률(善律) 스님이 돈을 시주하여 6백 권본 반야경을 조성하려다가 일을 아직 이루기도 전에 갑자기 저승으로 잡혀가게 되었다. 명부(冥府 : 저승)에 갔더니 염라대왕이 선률 스님에게 물었다.

"너는 인간 세계에 있으면서 무슨 일을 하였느냐?"

그러자 선률 스님이 대답하였다.

"소승이 늘그막에 대품반야경을 조성하려다가 일을 다 성취하지 못하고 왔습니다."

"그래? 너의 수명은 비록 다 되었지만 훌륭한 서원(誓願)을 아직 마치지 못했으니 다시 인간 세계로 돌아가 보배로운 불경을 끝까지 조성하도록 하여라."

염라대왕은 곧 선률 스님을 돌려보내 주었다. 그런데 돌아오는 길에 웬 여자가 울면서 스님 앞으로 다가와 절을 하더니 이렇게 말하였다.

저도 남섬부주(南贍部洲 : 인간세계)의 신라 사람인데 부모님이 금강사의 논 한 이랑을 몰래 훔친 죄에 연루되어 제가 저승에 잡혀 와서 오랫동안 고초를 받고 있습니다. 지금 스님이 만약 고향으로 돌아가시거든 제 부모님에게 그 밭을 빨리 돌려 드리라고 말해 주십시오. 그리고 제가 인간 세계에 있을 때 평상 밑에 참기름을 묻어 두었고 이부자리 속에 가는 베를 간직해 두었으니 스님께서 제 기름을 가져다가 부처님께 공양하는 등불을 켜 주시고, 베는 팔아 불경을 베끼는 비용에 써 주십시오. 그러면 황천에서도 공덕이 되어 제가 이 고통으로부터 벗어날 수 있을 것 같습니다."

그 말을 듣고 선률 스님이 말하였다.

"너희 집이 어디냐?"

"사량부의 구원사 서남쪽 마을입니다."

선률 스님이 이 말을 듣고 막 길을 가려 하는

데 곧 깨어났다. 이때는 선률 스님이 숨을 거둔 지 벌써 열흘이 되어 이미 남산 동쪽 기슭에 장사를 지낸 상태여서, 스님은 무덤 속에서 사흘 동안 소리를 쳤다. 목동이 이 소리를 듣고 망덕사에 와서 알리니 그 절의 스님이 가서 황급히 무덤을 봤다. 그래서 선률 스님을 관에서 꺼내 놓으니 선률 스님은 지난 일을 자세히 이야기하였다.

선률 스님은 저승에서 만났던 여인의 집을 찾아갔다. 그 여인이 죽은 지 15년이 되었는데 여인의 말대로 기름과 베가 그대로 있었다. 그래서 선률 스님은 그 여인의 부탁대로 그 기름으로 부처님께 공양하는 등불을 켜고, 베는 팔아 불경을 조성하는 비용으로 쓰면서 여인을 위해 복을 지어 주었다. 그랬더니 여인의 넋이 찾아와 선률 스님에게 이렇게 말하는 것이었다.

"스님의 은혜를 입어 저는 벌써 고통에서 벗어났습니다."

당시 사람들이 이 소문을 듣고 모두 놀라고 감동하여 선률 스님을 도와 불경을 조성하였다. 그

불경이 고려 말까지도 경주의 승려를 관할하는 관청의 곳간 속에 있어서 매년 봄가을에 펴 널어서 액맥이를 했다고 한다.

이 이야기를 삼국유사(三國遺事)에 기록하신 고려의 일연 스님은 이에 대하여 찬미하는 시를 쓰셨다.

우리 스님 황천길에 좋은 인연 맺으사
떠나셨던 그 넋이 고향으로 돌아가네.
우리 부모 이내 안부 물으시거든
한 이랑 밭 빨리 돌려주시라고 하소서.

(삼국유사)

진정 스님의 어머니 천도

신라 때 진정(眞定)이라는 법사가 계셨다. 진정 법사는 스님이 되기 전, 병졸로 복무하였는데 십이 가난하여 장가를 들지 못하였다. 복무하는 틈을 타 품팔이를 하여 홀어머니를 봉양하였는데, 집안 살림이라고는 다리 부러진 솥 한 개뿐이었다.

하루는 웬 스님이 문 앞에 와서 절 짓는 데 쓸 쇠붙이를 시주하라고 권하자 진정의 어머니는 솥을 내다가 시주하였다. 얼마 안 되어 진정이 바깥에서 돌아왔더니 어머니가 그 동안 있었던 일을 말하고 걱정스런 빛으로 아들의 눈치를 보았다. 그러나 진정은 오히려 기뻐하는 빛으로 어머니께 말하였다.

"불사(佛事)에 시주하셨으니 얼마나 좋은 일입니까? 솥이 없다 해서 무슨 걱정입니까?"

그리고는 곧 질그릇 동이로 솥을 삼아 밥을 지어 어머니를 봉양하였다.

진정은 일찍이 군대에 있을 때에 사람들로부터 의상(義湘) 법사가 태백산에서 불법을 설하시며 사람들을 위하여 좋은 일을 하고 계신다는 이야기를 듣고는, 의상 법사를 찾아가 배울 생각이 있어 어머니께 여쭈었다.

"어머님께 효도를 마친 뒤에는 꼭 의상 법사 문하에 가서 머리를 깎고 불도를 배우겠습니다."

그러자 어머니가 말하였다.

"불법이란 만나기 어려운 것이고, 인생은 몹시도 빠르다. 네가 말하는 '효도를 마친 뒤'란 너무 늦지 않으냐? 어찌 내 생전에 네가 가서 도를 배우는 것만 같겠느냐? 망설이지 말고 빨리 가서 배우는 게 좋겠다."

"어머님, 만년에 저 혼자 곁에서 모시고 있는데 어떻게 차마 어머님을 버리고 집을 나서 중이 되겠습니까?"

"답답하구나! 나 때문에 중이 못 된다면 나를

지옥에 빠뜨리는 것이나 마찬가지니, 비록 살아서 가지가지 고기반찬으로 떠받든들 어찌 효도라고 하겠느냐? 내가 남의 집 문간에 가서 옷과 밥을 동냥하더라도 제 명대로 살 것이니, 꼭 나에게 효도를 하겠거든 아예 그런 소릴랑 말아라!"

그러자 진정은 오랫동안 생각에 잠겼다. 어머니가 즉시 일어나 쌀자루를 거꾸로 터니 쌀 일곱 되가 있어 그날로 밥을 다 지었다. 그리고는 진정에게 말했다.

"네가 가는 길에 밥을 지어 먹으며 가면 늦어질 것이다. 그러니 내 눈앞에서 당장 한 그릇을 먹고 나머지는 싸 가지고 빨리빨리 가거라."

진정은 눈물을 삼키면서 밥을 사양하며 어머니께 말하였다.

"어머님을 버리고 집을 나가는 것도 사람의 자식으로서 차마 하기 어려운 일인데, 더구나 한 종지 간장과 며칠 양식마저 모조리 싸 가지고 간다면 천지신명이 저를 무어라 하겠습니까?"

그리고는 세 번 사양하거니 세 번 권하거니 하

며 옥신각신했다. 마침내 진정은 어머니의 뜻을 어기기 어려워 밥을 싸 가지고 길을 떠났다. 밤을 도와 사흘 만에 태백산에 이르러 의상 법사께 의탁하여 머리를 깎고 제자가 되었다.

진정 스님이 여기서 산 지 3년 만에 어머니가 돌아가셨다는 부고가 왔다. 진정 스님은 가부좌를 하고 선정에 들어가 이레 만에 일어났다.

이것을 보고 어떤 이는 말하기를, "아마 진정 스님이 어머니를 추모하는 슬픔이 지극한 나머지 견디지 못하겠으므로 선정에 들어 물로 씻은 듯이 하였을 것이다." 하였다. 그리고 더러는 말하기를 "진정 스님이 선정에 들어 어머니가 환생한 곳을 보았을 것이다."라고 하였으며, 더러는 말하기를, "진정 스님이 어머니의 명복을 빈 것이다."라고 하였다.

진정 스님은 선정에 들었다가 일어나게 되자 이 사실을 의상 법사께 알렸다. 그러자 의상 법사는 제자들을 데리고 소백산의 추동에 들어가 풀을 엮어 초막을 짓고 3천 명의 대중을 모아 약 90일 동안 화엄경을 강의하셨다. 이 때 의상 법사의 문인인 지통 스님이 의상 법사 강의의 요지를 뽑아 책 두 권을 만들어 이름을 '추동기'라 하여 세상에 널리 펴기도 했다.

의상 법사께서 강의를 마치자 진정 스님의 어머니가 진정 스님에게 현몽하여 말하였다.

"나는 이미 천상에 태어났다."

(삼국유사)

법화경을 사경하여 아내를 천도하다

당나라 태종 때 있었던 일이다. 진법장(陳法藏)이라는 사람이 관청에서 음식 만드는 직책을 맡아 외지에 나가 근무를 하였는데 그 동안에 아내가 죽었다.

근무 기간이 끝나 고향으로 돌아오는데 고향 마을까지 10여 리 남은 길에서 아내를 만났다. 물론 진법장은 아내가 죽은 사실을 까맣게 모르고 있었다.

아내는 진법장에게 말했다.

"저는 며칠 전에 죽었습니다."

뜻밖에 아내를 만나 반가워서 손을 잡았던 법장은 깜짝 놀랐다.

"아니, 그게 무슨 소리요?"

그러나 아내는 아무 대꾸도 하지 않고 법장의 손을 이끌고 아주 꾀죄죄한 집들이 있는 마을로

가는 것이었다. 8, 9채의 집 가운데 맨 끝에 있는 집으로 들어갔는데 얼마 안 되어 아내는 어떤 사람에게 불려 나갔다. 법장이 무슨 일인가 하고 뒤따라 가 보니, 소의 머리를 한 옥졸이 아내를 쇠꼬챙이에 꿰어 펄펄 끓는 쇳물에 넣는 것이었다. 그곳은 바로 지옥이었다. 쇳물 속에서 아내는 뼈와 살이 다 흐물흐물해질 정도로 고통을 받았지만 쇳물에서 꺼내니 다시 살아났다. 옥졸은 이렇게 일곱 번을 되풀이하고 나서야 놓아 주었다. 몰골이 참혹해진 아내가 법장에게 다가와 말했다.

"우리 집 옷장 속에 5백 냥이 있고, 우리 집 소를 팔면 천오백 냥은 받을 테니 집에 돌아가시거든 시어머님께 상의 드려 저를 위해 법화경을 베껴 써 주세요. 그러면 제가 이 고통에서 벗어날 수 있을 거예요. 제 말을 잊지 마시고 꼭 시어머님께 상의 드리세요."

법장은 너무나 참혹한 모습을 보고 넋이 나갈 지경이었지만 발길을 재촉하여 집으로 돌아와 어머니께 사실을 말씀드리고 곧 소를 팔아 돈을 마련한 뒤 사람을 시켜 법화경을 베껴 쓸 종이를 사 오게 하였다. 그러나 다급한 마음에 이튿날 아내가 있던 지옥의 집으로 다시 찾아가서 문을 두드렸다. 그런데 아무런 응답이 없고 어디선지 멀리서 말소리가 들려 왔다.

"당신의 아내는 어제 당신이 법화경 베낄 종이를 사 오게 했을 때 이미 천상에 태어났소."

그는 그 소리를 듣고 뛸 듯이 기뻐하였다. 그리고 그 뒤로 법화경을 깊이 믿고 받들며 돈이 생길 때마다 법화경 베껴 쓰기를 19년 동안이나 하였다.

(홍찬전)

49재 공덕과 의미

영가 천도 의식

제3부

1. 영가 천도 의식의 대강

(1) 시련(侍輦)

시련은 시방(十方)에 가득하신 불보살님을 연(輦 : 가마)으로 모시어 법요(法要 : 천도 의식)의 증명을 청하는 의식이다. 특히 인로왕보살님을 모시어 영가를 도량(道場)으로 인도하는 의식이기도 하다.

제대로 갖추어 할 경우, 도량 밖에서 오방번(五方幡 : 오방의 부처님 명호를 쓴 깃대)과 인로왕 보살의 깃대와 연을 모시고 도량 마당으로 들어온다. 연 뒤에는 인도하는 스님과 영가의 위패, 다기, 향로상을 모신 상주와 친족, 손님들이 일렬로 서서 들어와 시련 마당에 모인다. 그리고 마당에 마련한 영단에 위패를 모신다.

(2) 대령(對靈)

대령은 도량에 모신 영가를 접대하여 불보살님 전에 나아갈 차비를 하는 의식이다. 대령상을 차려 놓고 다과와 음식을 진설한 뒤 영가를 위해 축원하며 차를 올린다.

(3) 관욕(灌浴)

관욕은 영가가 불보살님을 뵙기 전에 죄업의 때를 깨끗이 씻는 의식이다. 관욕단을 차리고 병풍으로 가린 뒤 관욕단 안에서 대야에 물을 떠놓고 수건, 비누, 종이옷 등을 놓고 영가가 목욕하고 옷을 갈아입는 의식을 행한다. 영가가 목욕을 마치면 부처님을 뵙고 참배하게 한 뒤 자리에 편안히 앉으라고 권한다.

(4) 법회(法會)

법회는 영가에게 부처님의 가르침을 들려주는

의식이다. 법주(法主) 스님은 영가에게 천도 법문을 하시거나 독경을 해 주신다.

(5) 상단 권공(上壇 勸供)

상단 권공은 상단에 모신 삼보(三寶)님께 예배하고 공양을 올리며 영가에 대한 설법과 가피를 청하는 의식이다. 따라서 삼보통청(三寶通請)이라고도 한다.

(6) 중단 권공(中壇 勸供)

중단 권공은 중단에 모신 지장보살님과 도명존자, 무독귀왕에게 공양을 올리는 의식이다. 따라서 지장청(地藏請)이라고도 한다 신중님들께 공양을 올리는 신중청(神衆請)을 하기도 한다.

(7) 시식(施食)

시식은 영가에게 부처님의 법과 음식을 베푸는 의식이다. 시식에는 관세음보살님의 법력으로 극락왕생을 하게 하는 관음시식, 환자를 구원하기 위해 특별히 베푸는 구병시식, 그리고 일반적으로 간소하게 하는 화엄시식(상용시식)이 있다.

어떤 경우에나 영단(靈壇)에 음식을 차려 영가와 모든 외로운 영혼 및 중생에게 대접하고 장엄염불 등 여러 가지 법문을 들려준다.

(8) 봉송(奉送)

부처님의 법을 듣고 시식을 마친 영가를 좋은 세계로 보내 주는 의식이다. 이 때 인로왕보살님이 영가를 극락세계로 인도하신다.

2. 천도재 절차에 따라 재자가 해야 할 일

(1) 시련

스님이 종을 울리면 모두 법당 앞마당에 모인다. 상주는 영가의 위패상과 다기와 향로상을 모신다. 연(輦)을 모실 경우 연과 '나무 대성 인로왕보살(南無大聖引路王菩薩)' 이라 쓴 깃대를 모시고 그 앞에 위패상을 모신다. 그리고 위패상 앞의 촛불을 켠 뒤 다기를 열어 놓고 향을 사른 다음 재자(齋者 : 재를 올리는 사람)와 신도들은 절을 올린다.

법사 스님이 법당의 불보살님을 향해 절을 올릴 때 재자들도 따라서 함께 올린다. 그리고 법성게(法性偈)를 염송하면서 마당을 돌 때에도 마찬가지로 함께 염송하며 스님을 따라서 돈다.

(2) 대령

법주(法主) 스님이 대령소(對靈疏)를 읽으신 뒤 소지(불로 사름)를 하시면, 재자들은 한 사람씩 돌아가며 잔을 올리고(헌다) 영가께 삼배를 한다.

(3) 관욕

영가의 위패를 관욕단에 모시면 관욕단을 가린 병풍 앞에서 재자들은 향을 사르고 삼배를 한다. 그리고 나서 다 함께 신묘장구대다라니를 외운다.

영가가 목욕을 마치고 법사 스님이 영가에게 불단(佛壇)을 가리키는 지단진언(指壇眞言)을 외우면 상주는 위패상을 모시고 부처님을 향하여 선다.

법주 스님이 영가에게 절을 시키는 보례삼보(普禮三寶)를 하실 때 상주는 위패상을 모시고

서 삼보님께 절을 올린다. 그리고 나서 모든 재자들은 스님을 따라 법성게를 외우면서 법당 또는 마당을 세 번 돈다. 그 뒤 상주는 스님들을 따라 법당에 들어가 영가의 위패상을 영단(위패단)에 모신다.

(4) 법회

영가의 위패를 영단(靈壇)에 모신 뒤 법주 스님이 영가 천도 법문을 하시면 재자들은 모두 앉아 스님의 법문을 조용히 귀담아 듣는다.

(5) 상단 권공(삼보통청)

법주 스님이 삼보님께 예배하실 때 재자들도 삼보님께 한마음으로 예배를 한다. 그리고 스님과 함께 천수경을 독송한다.

정근을 할 때에는 스님을 따라 큰 소리로 보살님의 명호(名號)를 염송한다.

(6) 중단 권공

법주 스님이 지장청과 신중청을 하실 때에 재자들은 정성을 다하여 지장보살님과 신중님들께 예배와 공양을 올린다.

(7) 시식

법주 스님이 다게(茶偈 : 차 올리는 게송)를 하실 때 재자들은 돌아가면서 영가에게 잔을 올린다(헌다). 이 때 향불 위에 시계 방향으로 잔을 세 번 돌린 뒤에 올린다. 그리고 나서 영가에게 삼배를 드린다.

그리고 메 뚜껑을 열고 숟가락을 꽂는다. 숟가락은 영가 편에서 보아 오른쪽으로 기울게 꽂는다. 그 다음 젓가락으로 상을 조용히 세 번 두드린 뒤 젓가락을 진수(반찬)에 놓는다. 수시로 젓가락을 다른 진수 위로 옮겨 놓으며 영가에게 여러 가지 진수를 권한다.

법사 스님이 수위안좌진언(편히 앉게 하는 진

언)을 하시고 나면 국을 물리고 숭늉을 올린다. 이 때 밥을 세 술 떠서 숭늉에 말고 숟가락을 숭늉에 담가 둔다. 이어서 다게를 하실 때 또 다시 잔을 올린다.

장엄염불을 할 때에는 한 구절 한 구절 할 때마다 스님과 함께 '나무아미타불'을 크게 염송한다.

시식이 다 끝나면 재자는 법주 스님과 재에 동참한 신도들께 합장 반배(半拜)로 감사를 표한다.

(8) 봉송

봉송은 영가에 대한 전송 인사이므로 재자들은 모두 영가에게 삼배(三拜)를 올린다. 그리고 법당에 들어오지 못한 영가들을 위하여 헌식(음식을 베품)을 하는데, 영단에 진설한 음식을 골고루 덜어서 그릇에 담은 뒤 법당 밖의 헌식단에 놓는다. 이 때 마른 음식과 젖은 음식을 한 그릇에 모두 섞어 버리지 말고 각각 다른 그릇에 담아 헌식해야 한다.

법주 스님이 봉송게(奉送偈)를 외우고 나면 재자는 영가의 위패와 사진, 촛대, 향로, 옷을 들고 부처님을 향해 서서 반배로 세 번 절한다. 그리고 나서 법주 스님의 인도에 따라 재자, 동참 신도 순으로 줄지어 소대(燒臺)로 가면서 법성게를 독송한다. 소대에 이르러 영가의 옷이나 유품 등을 불로 사를 때에는 정성을 다하여 '나무아미타불'을 염송하여야 한다.

49재 공덕과 의미

영가 천도를 위한 불자 지송

무상계

영가 천도 발원문

지장보살 츰부다라니

지장보살 멸정업진언

광명진언

제4부

무상계(無常戒)

(※ 영가에게 무상의 진리를 설하여 생사에 대한 집착을 버리고 열반의 즐거움을 찾게 하기 위한 법문입니다.)

무상계는 열반에 들어가는 문이요
고해를 건너가는 자비의 배이로다.
부처님도 이 계로써 열반에 드시고
중생들도 이 계로써 고해를 건너가네.
영가여, 그대는 오늘에 이르러
눈 · 귀 · 코 · 혀 · 몸 · 뜻 · 색 · 소리 · 냄새 · 맛
접촉대상 · 인식대상 그 모든 것 벗어나
신령스런 맑은 식(識)이 오롯하게 드러나서
부처님의 위없는 청정계를 받게 되니
이 어찌 다행하지 아니하리요.

영가여, 때가 되면 세계도 다 무너지고
수미산과 큰바다도 모두 말라 없어지니
하물며 이 몸뚱이 그대로 있으리요.
생로병사 근심고뇌 그칠 새가 없어라.
영가여, 머리털과 손톱과 이빨과
가죽과 살, 힘줄과 뼈 해골과 더러운 몸
굳은 것은 모두 다 땅으로 돌아가고
침과 눈물, 고름과 피, 진액과 땀, 가래와
정액과 대소변은 모두 물로 돌아가고
몸속의 더운 기운 모두 불로 돌아가고
움직이는 기운은 바람으로 돌아가서
네 요소가 각각 서로 떨어지게 되나니
오늘의 영가 몸이 어디에 있으리요.
영가여, 네 요소가 헛되고 거짓이니
사랑하고 아낄 것이 하나도 없다오.
그대는 끝없는 옛날부터 오늘에 이르도록
무명[1]으로 말미암아 행[2]이 있고

1) 무명(無明) : 진리에 어두움.
2) 행(行) : 진리에 어두워서 저지르는 업

행으로 말미암아 식[3]이 있고
식으로 말미암아 명색[4]이 있고
명색으로 말미암아 육입[5]이 있고
육입으로 말미암아 접촉이 있고
접촉으로 말미암아 느낌이 있고
느낌으로 말미암아 사랑이 있고
사랑으로 말미암아 취함이 있고
취함으로 말미암아 있음이 있고
있음으로 말미암아 태어남이 있고
태어남으로 말미암아 늙음과 죽음과
근심과 슬픔과 괴로움이 있나니
무명이 없어지면 행이 없어지고
행이 없어지면 식이 없어지고
식이 없어지면 명색이 없어지고
명색이 없어지면 육입이 없어지고
육입이 없어지면 접촉이 없어지고

3) 식(識) : 식별하는 작용
4) 명색(名色) : 마음과 물질
5) 육입(六入) : 눈, 귀, 코, 혀, 몸, 뜻 등 여섯 가지 인식기관

접촉이 없어지면 느낌이 없어지고
느낌이 없어지면 사랑이 없어지고
사랑이 없어지면 취함이 없어지고
취함이 없어지면 있음이 없어지고
있음이 없어지면 태어남이 없어지고
태어남이 없어지면 늙음과 죽음과
근심과 슬픔과 괴로움이 없어지네.
모든 것이 본래 항상 고요한 모습이니
불자가 이 이치를 알고서 수행하면
오는 세상 반드시 부처가 되리라.
모든 것은 무상하여 나고 죽는 법이니
태어나고 죽는 것이 모두 다 사라지면
고요한 열반의 즐거움을 누리리라.
거룩하신 부처님께 돌아가 의지하고
거룩하신 가르침에 돌아가 의지하고
거룩하신 스님들께 돌아가 의지하라.
과거의 보승여래 응공 정변지
명행족 선서 세간해 무상사
조어장부 천인사 불세존께 귀의하라.

영가여, 오온[6]의 껍데기를 벗어버리고
신령스런 맑은 식이 오롯이 드러나서
부처님의 위없는 청정계를 받으니
어찌 상쾌하고 기쁘지 않으리요.
천상과 불국토에 마음대로 가 나리니
상쾌하고 기쁘리라, 상쾌하고 기쁘리라.
서쪽에서 오신 조사 그 뜻이 당당하여
내 마음을 맑게 하니 본성이 고향이라
오묘한 본체 맑아 머무는 곳 없으니
산과 물과 대지가 참다운 빛 드러내네.

6) 오온(五蘊) : 물질, 느낌, 생각, 의지 작용, 의식.

영가 천도 발원문

이 세상의 인연이 다해 유명을 달리하신 ○○○ 영가시여, 자세히 들으소서. 강을 건너려면 배에 의지해야 되고, 어두운 밤을 비추려면 등불에 의지해야 합니다. 당신께서 이승에 계실 때 이런 것들을 의지하셨던 것같이 저승의 세계에서도 꼭 의지해야 할 것이 있습니다.

○○○ 영가시여, 당신이 의지해야 할 것이란 바로 삼보(三寶)입니다. 삼보란 부처님과 부처님의 가르침과 부처님을 따르는 승단(僧團)입니다. 이 삼보를 명심하여 의지하소서.

이 세상 모든 것은 의지할 것이 못 됩니다. 모두가 일시적으로 나타났다가 사라지는 눈어림입니다. 눈어림일 뿐 아니라 거의가 마침내는 우리에게 상처를 주기 쉬운 허깨비입니다. 재산, 명예, 지위, 자손, 나아가서는 이 몸까지도 끝내는 우리를 배반합니다. 당신께서 그토록 아끼시던 몸도 굳은 것은 흙으로 돌아갑니다. 묽은 것은 물로 돌아갑니다. 더운 것은 불로 돌아갑니다. 움직임은 바람으로 돌아갑니다. 이 네 가지가 제각기 갈 곳으로 돌아간 뒤인 지금 남은 것은 오직 당신의 영특한 주인공 하나뿐입니다.

삼보는 당신의 주인공을 위해 배가 되고 등불이 되어 드립니다. 끝없이 오랜 세월 동안 도도히 흐르던 애정의 강물은 삼보의 배라야 건널 수 있습니다. 끝없이 황량한 벌판에 짓눌린 어리석음의 어두움은 삼보의 등불만이 밝힐 수 있습니다. 이제 부처님의 위신력(威神力) 빌어 우리 모두 다 같이 당신의 마지막 길에 유일한 선물로서 삼보의 명호를 알려 드리오니 자세히 들으소서.

귀의불, 귀의법, 귀의승.

(석문의범)

지장보살 츰부다라니

(=구족수화길상광명대기명주총지장구)

츰부츰부 츰츰부 아가서츰부 바결랍츰부 암벌람츰부 비러츰부 발절랍츰부 아루가 츰부 답뭐츰부 살담뭐츰부 살더일허뭐츰 부 비바루가찰뭐츰부 우뭐섭뭐츰부 내여 나츰부 뷜랄여삼므지랄나츰부 찰라츰부 비실바리여츰부 서살더랄바츰부 비여자 수재맘히리 담미 섬미 잡결랍시 잡결랍믜 스리 치리 시리 결랍뭐뷜러 발랄지 히리 벌랄비 뷜랄저러니 달리 헐랄달니 뭐러 져져져져 히리 미리 이결타 탑기 탑규루 탈리 탈리 미리 뭐대 더대 구리 미리 앙규 지더비 얼리 기리 뷔러 기리 규차 섬미리 징기 둔기 둔규리 후루 후루 후루 규루술 두미리 미리디 미리대 뷘자더 허러히리 후루 후루루.

이 진언은 모든 중생 번뇌먼지 씻어내고
이 진언은 큰 싸움의 시대를 정화하며
이 진언은 혼탁하고 나쁜 마음 정화하며
이 진언은 혼탁한 땅 물불바람 정화하네.

이 진언은 나쁜 맛을 깨끗하게 하여주며
이 진언은 나쁜 기운 깨끗하게 하여주며
이 진언은 모든 소망 모두 다 채워주며
이 진언은 모든 농사 잘 되게 하여주네.
이 진언은 부처님의 가호를 받게 하며
이 진언은 보살님들 가호를 받게 하네.

(지장십륜경 서품)

지장보살 멸정업진언
(滅定業眞言)

『**옴 바라 마니다니 사바하**』(49번)

(＊ 이 진언은 중생이 결정적으로 받게 된 죄업을 지장보살님께서 소멸시켜 주시는 진언입니다.)

광명진언(光明眞言)

『옴 아모카 바이로차나 마하무드라
마니 파드마 즈바라 프라바를타야 훔』

중생이 십악업과 오역죄와 사중죄를 지어 죽은 다음 나쁜 세계에 떨어지게 되었을지라도 이 진언을 외우면 나쁜 세계에서 벗어날 수 있다. 특히 그릇에 흙이나 모래를 담아 놓고 이 진언을 108번 외워 그 모래를 시신이나 묘지 또는 묘탑 위에 흩어 주면 비로자나 부처님의 광명이 죽은 이에게 이르러 모든 죄업을 소멸시켜 줄 뿐만 아니라 영가를 극락세계의 연화대로 인도해 준다. (중략) 모래를 흩어 주는 공덕보다 진언을 외우는 공덕이 더 뛰어남은 말할 나위도 없다.

(원효대사, 〈유심안락도〉에서)